Die

Thätigkeit der Polizei

in Strafsachen

auf Grund der Reichsjustizgesetze und
des Preußischen Rechts

für Polizeiverwalter und Polizeibeamte

dargestellt

von

St. Genzmer,
Ober-Verwaltungsgerichts-Rath.

Dritte Auflage.

Berlin SW 48.
Wilhelmstraße 119/120.
J. Guttentag, Verlagsbuchhandlung.
1897.

Inhalt.

Vorbemerkung.

Die vorliegende kleine Schrift ist in erster Auflage im Jahre 1879 kurz vor dem Inkrafttreten der Reichs-Strafprozeßordnung erschienen. Mit ihr wollte der damals der Staatsanwaltschaft angehörende Verfasser den preußischen Polizeibehörden eine kurze und übersichtliche Darstellung der ihnen durch die neue Justizgesetzgebung in Strafsachen zugewiesenen Thätigkeit geben. Eine zweite Auflage ist im Jahre 1887 herausgegeben worden. Da auch diese vergriffen worden ist, hat der Verfasser, einem Wunsche der Verlagsbuchhandlung folgend, das kleine Werk mit Rücksicht auf die inzwischen ergangenen Vorschriften einer Durchsicht unterworfen, aus der es in der vorliegenden Gestalt hervorgegangen ist. Möge es sich auch in dieser seinem Zweck entsprechend erweisen.

Berlin, im Februar 1897.

Der Verfasser.

I.

Die allgemeinen Aufgaben der Sicherheitspolizei und ihre Stellung den Justizbehörden gegenüber.

Allgemeine Aufgaben der Sicherheitspolizei sind

1) der Schutz der Person und des Eigenthums, die Aufrechterhaltung der Ordnung, Ruhe und Sicherheit,[1])

2) die Erforschung strafbarer Handlungen.[2])

Die Sicherheitspolizei soll einerseits Störungen der öffentlichen Rechtsordnung vorbeugen, diese verhindern, und soll andrerseits, wenn solche Störungen durch strafbare Handlungen erfolgt sind, die zu deren Feststellung und zur Ermittelung der Thäter erforderlichen Maßnahmen treffen.

Hinsichtlich der ersteren Aufgabe bestimmt sich die Zuständigkeit der Polizei, ihre Verpflichtung und Be-

---

[1]) Allg. Landrecht für die preußischen Staaten Th. II. Titel 17 § 10. — Gesetz vom 11. März 1850. — Verordnung vom 20. September 1867. — Kreisordnung f. d. Provinz Hannover vom 6. Mai 1884 § 35.

[2]) Deutsche Strafprozeßordnung § 161.

rechtigung zum Einschreiten, nach der preußischen Landesgesetzgebung. Die Polizei hat hiernach die Befugniß, die zur Erhaltung der öffentlichen Ordnung, Ruhe und Sicherheit erforderlichen Anordnungen zu treffen und diese Anordnungen durch Anwendung der gesetzlichen Zwangsmittel durchzusetzen. Sie ist insbesondere auch befugt, Personen in polizeiliche Verwahrung zu nehmen, wenn der eigene Schutz dieser Personen oder die Aufrechterhaltung der öffentlichen Sittlichkeit, Sicherheit und Ruhe diese Maßregel dringend erfordert. Die polizeilich in Verwahrung genommenen Personen müssen jedoch spätestens im Laufe des folgenden Tages in Freiheit gesetzt oder es muß das Erforderliche veranlaßt werden, um sie der zuständigen Behörde zu überweisen.[3])

Hinsichtlich der zweiten Aufgabe, der Erforschung strafbarer Handlungen, war den Polizeibehörden eine das Einschreiten der Staatsanwaltschaft vorbereitende und unterstützende Thätigkeit schon durch die frühere Preußische Gesetzgebung zugewiesen.[4]) Die Reichs-Justizgesetzgebung giebt bestimmten Sicherheitspolizeibeamten ausdrücklich die Stellung von Organen der Staatsanwaltschaft. Nach ihr[5]) sind gewisse Beamten des Polizei- und Sicherheitsdienstes Hülfsbeamte der Staatsanwaltschaft und in dieser Eigenschaft verpflichtet,

[3]) Gesetz vom 12. Februar 1850 § 6.
[4]) Verordnung vom 3. Januar 1849 § 4.
[5]) Deutsches Gerichtsverfassungsgesetz § 153.

den Anordnungen der Staatsanwälte bei dem Landgerichte ihres Bezirks und der diesen vorgesetzten Beamten Folge zu leisten. In Preußen sind, abgesehen von den später zu erwähnenden Forstschutzbeamten und Fischereibeamten,[6]) folgende Beamte des Polizei- und Sicherheitsdienstes zu Hülfsbeamten der Staatsanwaltschaft bestimmt:[7])

I. in der Provinz Ostpreußen:

1) bei dem Königlichen Polizei-Präsidium in Königsberg:

die Kriminalpolizei-Kommissarien, die Polizeikommissarien;

2) bei den Polizeiverwaltungen in den übrigen Städten:

der Bürgermeister oder das an dessen Stelle mit der Führung der Polizeiverwaltung beauftragte Magistratsmitglied,[8]) die Polizei-Inspektoren, die Polizeikommissarien;

3) bei den Polizeiverwaltungen auf dem Lande:

die Amtsvorsteher und deren Stellvertreter, die Guts- und Gemeindevorsteher und deren Stellvertreter;

---

[6]) Siehe unten S. 20—22.

[7]) Gemeinschaftliche Verfügung des Justizministers und des Ministers des Innern vom 15. September 1879 (Min.-Bl. der Verw. des Innern S. 265, JMBl. S. 349).

[8]) Die Ausnahmen hiervon siehe unten S. 19.

4) die Grenzkommissarien in Eydtkuhnen, Prostken und Illowo,[9])

5) die Revierbeamten des Berg-, Hütten- und Salinenwesens, einschließlich der Direktoren der fiskalischen Bergwerke und Salinen;

II. in der Provinz Westpreußen:

1) bei der Königlichen Polizeidirektion in Danzig: die Polizeikommissarien;

2) bei den städtischen Polizeiverwaltungen: der Bürgermeister oder das an Stelle desselben mit der Führung der Polzeiverwaltung beauftragte Magistratsmitglied,[10]) die Polizei-Inspektoren, die Polizeikommissarien;

3) bei den Polizeiverwaltungen auf dem Lande: die Amtsvorsteher und deren Stellvertreter, die Guts- und Gemeindevorsteher und deren Stellvertreter;

4) die Revierbeamten des Berg-, Hütten- und Salinenwesens, einschließlich der Direktoren der fiskalischen Bergwerke und Salinen;

5) der Grenzkommissarius in Thorn;[11])

---

[9]) Verf. der Minister des Innern und der Justiz vom 30. Juni 1895 (JMBl. S. 240).

[10]) Ausnahmen siehe S. 19.

[11]) Verf. der Minister des Innern und der Justiz vom 30. Juni 1895 (JMBl. S. 240).

III. in der Provinz Brandenburg:

1) bei dem Königlichen Polizei-Präsidium in Berlin: die Kriminalpolizei-Kommissarien und die Kriminal-Inspektoren,[12]) die mit der Führung der Revier-polizei-Verwaltung beauftragten Polizei-Lieutenants und deren Stellvertreter; die mit der Handhabung der Marktpolizei beauftragten Polizei-Lieutenants und Polizei-Wachtmeister;

2) bei der Königlichen Polizeidirektion in Potsdam: die Polizeikommissarien;

3) bei der Königlichen Polizeidirektion in Charlottenburg: der Kriminalkommissarius, der Polizei-Lieutenant;

4) bei den Polizeiverwaltungen in den übrigen Städten: der Bürgermeister oder das an dessen Stelle mit der Führung der Verwaltung beauftragte Magistratsmitglied,[13]) die Polizei-Inspektoren, die Polizeikommissarien;

5) bei den Polizeiverwaltungen auf dem Lande: die Amtsvorsteher und deren Stellvertreter, die Guts- und Gemeindevorsteher und deren Stellvertreter;

6) die Revierbeamten des Berg-, Hütten- und Salinenwesens, einschließlich der Direktoren der fiskalischen Bergwerke und Salinen;

---

[12]) Verf. der Minister des Innern und der Justiz vom 10. Juli 1890 (Min.-Bl. d. V. d. J. S. 99).

[13]) Ausnahmen siehe S. 19.

IV. in der Provinz Pommern:

1) bei der Königlichen Polizeidirektion in Stettin: die Kriminalpolizei-Kommissarien, die Polizeikommissarien;

2) bei den Polizeiverwaltungen in den übrigen Städten: der Bürgermeister oder das an dessen Stelle mit der Führung der Polizeiverwaltung beauftragte Magistratsmitglied,[14]) die Polizei-Inspektoren, die Polizeikommissarien;

3) bei den Polizeiverwaltungen auf dem Lande: die Amtsvorsteher und deren Stellvertreter, die Guts- und Gemeindevorsteher und deren Stellvertreter;

4) die Lootsen-Kommandeure zu Swinemünde und Stettin als Vorstände der Schifffahrts-Revierpolizei und die Schifffahrts-Revierschutzmänner ebendaselbst in ihren Revieren;

5) die Revierbeamten des Berg-, Hütten- und Salinenwesens, einschließlich der Direktoren der fiskalischen Bergwerke und Salinen;

V. in der Provinz Posen:

1) bei der Königlichen Polizeidirektion in Posen: die Kriminalpolizei-Kommissarien, die Polizeikommissarien;

2) bei den Polizeiverwaltungen in den übrigen Städten:

---

[14]) Ausnahmen siehe S. 19.

der Bürgermeister oder das an dessen Stelle mit der Führung der Polizeiverwaltung beauftragte Magistratsmitglied,[15]) die Polizei-Inspektoren, die Polizeikommissarien;

3) bei den Polizeiverwaltungen auf dem Lande:
die Polizeidistrikts-Kommissarien, die Gutspolizeiverwalter und deren Stellvertreter,
die Guts- und Gemeindevorsteher und deren Stellvertreter;

4) die Revierbeamten des Berg-, Hütten- und Salinenwesens, einschließlich der Direktoren der fiskalischen Bergwerke und Salinen;

VI. in der Provinz Schlesien:

1) bei dem Königlichen Polizeipräsidium in Breslau:
die Kriminalpolizei-Kommissarien, die Polizeikommissarien;

2) bei den Polizeiverwaltungen in den übrigen Städten:
der Bürgermeister oder das an dessen Stelle mit der Führung der Polizeiverwaltung beauftragte Magistratsmitglied,[16]) die Polizei-Inspektoren, die Polizeikommissarien;

3) bei den Polizeiverwaltungen auf dem Lande:
die Amtsvorsteher und deren Stellvertreter, die Guts- und Gemeindevorsteher und deren Stellvertreter;

---

[15]) Ausnahmen siehe S. 19.

[16]) Ausnahmen siehe S. 19.

4) die Revierbeamten des Berg-, Hütten- und Salinenwesens, einschließlich der Direktoren der fiskalischen Bergwerke und Salinen;

5) der Grenzkommissarius in Beuthen;[17])

VII. in der Provinz Sachsen:

1) bei der Königlichen Polizeidirektion in Magdeburg: die Polizeikommissarien;

2) bei den Polizeiverwaltungen in den übrigen Städten: der Bürgermeister oder das an dessen Stelle mit der Führung der Polizeiverwaltung beauftragte Magistratsmitglied, die Polizei-Inspektoren, die Polizeikommissarien;

3) bei den Polizeiverwaltungen auf dem Lande: die Amtsvorsteher und deren Stellvertreter, die Guts- und Gemeindevorsteher und deren Stellvertreter;

4) die Revierbeamten des Berg-, Hütten- und Salinenwesens, einschließlich der Direktoren der fiskalischen Bergwerke und Salinen;

VIII. in der Provinz Schleswig-Holstein:

1) bei den Polizeiverwaltungen in den Städten und Flecken:

der Bürgermeister, bezw. der Gemeindevorsteher, oder der an deren Stelle mit der Führung der

---

[17]) Verf. der Minister des Innern und der Justiz vom 30. Juni 1895 (JMBl. S. 240).

Polizeiverwaltung beauftragte Beamte,[18]) die Polizeikommissarien;

2) bei den Polizeiverwaltungen auf dem Lande:

die Amtsvorsteher und ihre Stellvertreter,[19]) die Guts- und Gemeindevorsteher und deren Stellvertreter;

3) die Revierbeamten des Berg-, Hütten- und Salinenwesens, einschließlich der Direktoren der fiskalischen Bergwerke und Salinen;

IX. in der Provinz Hannover:

1) bei den Königlichen Polizeidirektionen in Hannover, Göttingen und Celle:

die Polizeikommissarien;

2) bei den Polizeiverwaltungen in den übrigen selbständigen Städten:

der Bürgermeister oder das an dessen Stelle mit der Führung der Polizeiverwaltung beauftragte Magistratsmitglied,[20]) die Polizei-Inspektoren, die Polizeikommissarien oder die mit den Geschäften derselben beauftragten Beamten;

3) bei den Polizeiverwaltungen in den amtssässigen Städten und auf dem Lande:

[18]) Ausnahmen siehe S. 19.

[19]) Verf. der Minister des Innern und der Justiz vom 10. Oktober 1892 (Amtsblatt der Königl. Regierung zu Schleswig vom 29. Oktober 1892, S. 532).

[20]) Ausnahmen siehe S. 19.

die Polizei-Inspektoren in den Aemtern Lehe und Wilhelmshaven, der Schutzmannswachtmeister zu Lehe,[21]) der Badekommissarius in Norderney, die Gemeindevorsteher und deren Stellvertreter, die Amts- und Inselvögte;

4) die Revierbeamten des Berg-, Hütten- und Salinenwesens, einschließlich der Direktoren der fiskalischen Bergwerke und Salinen;

X. in der Provinz Westfalen:

1) bei den Polizeiverwaltungen in den Städten[22]):
der Bürgermeister oder das an dessen Stelle mit der Führung der Polizeiverwaltung beauftragte Magistratsmitglied, die Polizei-Inspektoren, die Polizeikommissarien;

2) bei den Polizeiverwaltungen auf dem Lande:
die Amtmänner, die Guts- und Gemeindevorsteher und deren Stellvertreter;

3) die Revierbeamten des Berg-, Hütten- und Salinenwesens, einschließlich der Direktoren der fiskalischen Bergwerke und Salinen;

4) die Königl. Polizeibezirkskommissare;[21a])

XI. in der Provinz Hessen-Nassau:

1) bei den Königlichen Polizeidirektionen in Cassel, Hanau, Fulda, Marburg, sowie bei dem Königlichen

---

[21]) Mittheilung des Justizministers vom 24. November 1893 I 4811.

[21a]) Verf. der Minister des Innern und der Justiz vom 23. September und 23. Oktober 1896 (JMBl. S. 340).

Polizeipräsidium in Frankfurt a. M. und der Königlichen Polizeidirektion in Wiesbaden:

die Kriminalpolizei-Kommissarien, die Polizeikommissarien;

2) bei den Polizeiverwaltungen in den übrigen Städten[22]):

der Bürgermeister oder der an dessen Stelle mit der Führung der Polizeiverwaltung beauftragte Beamte, die Polizei-Inspektoren, die Polizeikommissarien;

3) bei den Polizeiverwaltungen auf dem Lande:

die Bürgermeister, Guts- und Gemeindevorsteher und deren Stellvertreter, insbesondere auch die Bürgermeister und Schultheißen im Landkreise Frankfurt a. M.;[23])

4) die Königlichen Badepolizei-Kommissarien in den Badeorten;

5) die Revierbeamten des Berg-, Hütten- und Salinenwesens, einschließlich der Direktoren des fiskalischen Bergwerke und Salinen;

XII. in der Rheinprovinz:

1) bei den Königlichen Polizeidirektionen in Köln, Koblenz, Aachen:

die Polizeikommissarien;

2) bei den städtischen Polizeiverwaltungen in Köln

---

[22]) Ausnahmen siehe S. 19.

[23]) Verf. der Minister der Justiz und des Innern vom 14. Januar 1896 (JMBl. S. 43).

und Aachen sowie bei den Polizeiverwaltungen in den übrigen Städten, mit Ausnahme von Koblenz:

der Bürgermeister oder die an dessen Stelle mit der Führung der Polizeiverwaltung oder mit der Funktion eines Hülfsbeamten der Staatsanwaltschaft beauftragte Magistratsperson (§ 74 Abs. 3, § 57 I, § 28 der Rheinischen Städteordnung vom 15. Mai 1856), die Polizei-Inspektoren, die Polizeikommissarien und deren Stellvertreter;[24])

3) bei den Polizeiverwaltungen auf dem Lande:

die Bürgermeister als Polizeiverwalter, die Orts- und Gemeindevorsteher und deren Stellvertreter, die Polizeikommissarien;[25])

4) die Revierbeamten des Berg-, Hütten- und Salinenwesens, einschließlich der Direktoren der fiskalischen Bergwerke und Salinen;

5) die Königl. Polizeibezirkskommissare[25a]);

XIII. in den Hohenzollernschen Landen.

Die Orts- und Gemeindevorsteher und deren Stellvertreter.

---

[24]) Verf. der Minister des Innern und der Justiz vom 19. Oktober 1894 (Min.-Bl. d. i. V. S. 191, JMBl. S. 307).

[25]) Verf. der Minister des Innern und der Justiz vom 2. Juni 1896 (Min.-Bl. d. i. V. S. 104).

[25a]) Verf. der Minister des Innern und der Justiz vom 23. September und 23. Oktober 1896 (JMBl. S. 340).

Für alle Provinzen des preußischen Staates ist die Anordnung getroffen,[26]) daß in denjenigen Städten, welche einen eigenen Stadtkreis bilden, der Bürgermeister oder das an Stelle desselben mit der Führung der Ortspolizei-Verwaltung beauftragte Magistrats-Mitglied — bezw. der damit beauftragte Beigeordnete — zu den Hülfsbeamten der Staatsanwaltschaft nicht gehört, sowie daß auch in anderen größeren Städten der städtische Polizeidirigent durch Entscheidung des Herrn Ministers des Innern und des Herrn Justizministers von der Stellung eines Hülfsbeamten der Staatsanwaltschaft entbunden werden könne.

Hinsichtlich der in ihren Revieren vorkommenden Fischereivergehen oder Fischereiübertretungen sind diejenigen Königlichen Fischereibeamten, welche die Stellen als Fischmeister, Fischereiaufseher, Schonrevieraufseher, Fischpaßaufseher gegen Gehalt oder fixirte Remuneration als Hauptamt verwalten oder die Fischereiaufsicht zwar nur im Nebenamte führen, aber in ihrer Hauptstellung ein etatsmäßiges Gehalt beziehen, zu Hilfsbeamten der Staatsanwaltschaft ernannt[27]).

Von den Königlichen Forstschutzbeamten sind zu Hülfsbeamten der Staatsanwaltschaft bestellt die Revierförster, Hegemeister, Förster, Forstaufseher und Forst-

---

[26]) Verf. der Minister des Innern und der Justiz vom 20. Dezember 1879 (Min.-Bl. d. i. V. 1880 S. 28).

[27]) Verf. der Minister des Innern und der Justiz vom 27. Februar 1886 (JMBl. S. 78).

Hülfsjäger, sowie diejenigen Waldwärter, welche auf Forstanstellungsberechtigung nach den Bestimmungen des Regulativs vom 15. Februar 1879 (Min.-Bl. S. 164) dienen.[28]) Die Bestellung ist ferner erstreckt auf diejenigen Forstschutzbeamten, welche zeitweilig als Forstpolizeisergeanten in den Städten fungiren, sofern sie aus den vorhin bezeichneten Kategorien der Forstschutzbeamten entnommen werden[29]). Endlich sind auch die im preußischen Amtsgerichtsbezirke Gräfenhainichen und im Forstrevier Norkitten fungirenden herzoglich anhaltischen Forstbeamten, und zwar die betreffenden Revierverwalter und die Schutzbeamten, zu Hülfsbeamten der Staatsanwaltschaft für ihre Bezirke bestellt.[30]) Hinsichtlich der Thätigkeit der Forstschutzbeamten als Hülfsbeamten der Staatsanwaltschaft sind Seitens der vorgesetzten Minister besondere Bestimmungen erlassen.[31]) Nach diesen sollen jene Beamten ihre Thätigkeit als Hülfsbeamte der Staatsanwaltschaft, soweit es auf selbständiges Handeln ohne Auftrag

---

[28]) Verf. der Minister des Innern und der Justiz vom 23. November 1881 (Min.-Bl. d. i. V. 1882 S. 34).

[29]) Verf. des Ministers des Innern und des Ministers für Landwirthschaft, Domainen und Forsten vom 3. Januar 1883 (Min.-Bl. d. i. V. S. 24).

[30]) Verf. der Minister des Innern, für Landwirthschaft, Domainen und Forsten und der Justiz vom 24. Juni 1895 (JMBl. S. 248) u. vom 31. August 1896 (JMBl. S. 303).

[31]) Verf. des Ministers für Landwirthschaft und des Ministers des Innern vom 23. Juli 1883 (Min.-Bl. d. i. V. S. 181).

ankommt, auf die Verfolgung solcher Gesetzwidrigkeiten beschränken, welche in dem ihnen im Hauptamte zugewiesenen Schutzbezirke begangen werden und in irgend einer Beziehung zu ihrer hauptamtlichen Thätigkeit stehen, wohin vornehmlich die Verletzungen der Forst-, Jagd-, Feld-, Fischerei- u. s. w. Gesetze zu rechnen sind. Eine Ausnahme von der Regel, daß die Befugniß zum selbständigen Handeln sich auf den Schutzbezirk des betreffenden Beamten bezieht, ergiebt sich aus dem Rechte der Nacheile.[32]) Außerdem sind die betreffenden Beamten zur selbständigen Vornahme von Durchsuchungen und Beschlagnahmen außerhalb ihres Schutzbezirkes bei Verfolgung von Gesetzwidrigkeiten der gedachten Art berechtigt, wenn sie in der Verfolgung des Thäters (— unmittelbar oder nach seinen Spuren —) begriffen sind und wenn zugleich die bei einer Verzögerung der Maßregel obwaltende Gefahr der Erfolglosigkeit so dringlich ist, daß nicht nur ein Antrag bei dem zuständigen Richter, sondern auch eine vorherige Verständigung mit der Ortspolizeibehörde nicht angängig ist. Auch in einem solchen Falle ist aber der Ortspolizeibehörde möglichst bald Anzeige zu machen. Die Befugniß zur Vornahme von Amtshandlungen im Gebiete eines anderen Bundesstaates beschränkt sich auf die nach § 168 des Gerichtsverfassungsgesetzes statthafte Verfolgung und Ergreifung Flüchtiger.

[32]) Siehe unten S. 67.

Hinsichtlich der dienstlichen Stellung der Polizeibeamten gegenüber den Justizbehörden ist Folgendes hervorzuheben. Dem Oberstaatsanwalt bei dem Oberlandesgericht und den Staatsanwälten bei dem Landgericht steht in Preußen gegenüber denjenigen Polizeibeamten ihres Amtsbezirks, welche Hülfsbeamte der Staatsanwaltschaft sind, insbesondere die Befugniß zu, die ordnungswidrige Ausführung eines Amtsgeschäftes zu rügen und die Erledigung eines Amtsgeschäftes durch Ordnungsstrafen bis zum Gesammtbetrage von 100 Mark zu erzwingen. Der Festsetzung der Strafe muß die Androhung derselben vorausgehen. Eine Ausnahme von dieser Befugniß findet jedoch hinsichtlich derjenigen Beamten statt, welche ihr Amt als Ehrenamt versehen.[33])

Die Hülfsbeamten der Staatsanwaltschaft sind hiernach untergeordnet nur den Staatsanwälten bei dem Landgerichte ihres Bezirks, dem Oberstaatsanwalte bei dem betreffenden Oberlandesgericht und dem Justizminister. Bei Strafsachen, für die das Reichsgericht in erster Instanz zuständig ist (Hochverrath und Landesverrath gegen den Kaiser oder das Reich), auch dem Oberreichsanwalte. Nur diese Beamten sind berechtigt, ihnen Aufträge zu ertheilen. Die übrigen Beamten der Staatsanwaltschaft, insbesondere die Staatsanwälte bei anderen Landgerichten und sämmtliche Amtsanwälte

[33]) Gesetz vom 24. April 1878 §§ 80, 81 (G.S. S. 230).

bei den Schöffengerichten stehen zu ihnen in dem Verhältniß ersuchender Behörden. Auch diesen Beamten der Staatsanwaltschaft gegenüber sind aber die Polizei-Behörden und Beamten verpflichtet,[34]) behufs Erforschung des Sachverhaltes bei Verdacht einer strafbaren Handlung auf Ersuchen Auskunft zu ertheilen und Ermittelungen jeder Art vorzunehmen.

Den Gerichtsbehörden sind die Polizeibeamten dienstlich nicht untergeordnet. Die Behörden und Beamten des Polizei- und Sicherheitsdienstes sind jedoch verpflichtet,[35]) Ersuchen und Aufträgen[36]) des Untersuchungsrichters[37]) um Ausführung einzelner Maßregeln und um Vornahme von Ermittelungen zu genügen.

---

[34]) Strafprozeßordnung § 159.

[35]) Strafprozeßordnung § 187.

[36]) Der Untersuchungsrichter des Landgerichts, in dessen Bezirk der betreffende Polizeibeamte fungirt, ist berechtigt, diesem Aufträge zu ertheilen. Untersuchungsrichter anderer Landgerichte müssen ihn ersuchen. Polizeibehörden sind nicht zu beauftragen, sondern stets zu ersuchen. — Die Königlichen Gendarmen sind nicht Hülfsbeamte der Staatsanwaltschaft, wohl aber Beamte des Polizei- und Sicherheitsdienstes.

[37]) Untersuchungsrichter werden bei den Landgerichten und dem Reichsgericht bestellt. Das Landgericht kann jedoch einem Amtsrichter und der Präsident des Reichsgerichts jedem Richter bei einem deutschen Gericht die Führung einer Voruntersuchung übertragen. In diesem Falle hat auch der mit der Führung der Voruntersuchung beauftragte Richter den Polizeibeamten gegenüber die Stellung eines Untersuchungsrichters (vgl. Gerichtsverfassungsgesetz § 60, Strafprozeßordnung §§ 183, 184).

II.

Thätigkeit der Polizei bei Erforschung strafbarer Handlungen.

1. Anzeigen und Strafanträge.

Anzeigen strafbarer Handlungen und Anträge auf Strafverfolgung können bei den Behörden und Beamten des Polizei- und Sicherheitsdienstes mündlich oder schriftlich angebracht werden. Die mündliche Anzeige ist zu beurkunden, d. h. es ist über sie ein Protokoll oder ein schriftlicher Vermerk aufzunehmen. Bei strafbaren Handlungen, deren Verfolgung nur auf Antrag eintritt, muß der Antrag, falls er bei einer Polizeibehörde gestellt wird, stets schriftlich angebracht werden, während er bei Gericht oder bei der Staatsanwaltschaft auch zu Protokoll erklärt werden kann.[1])

Ein schriftlicher Antrag ist ein solcher, der in einem vom Antragsteller unterzeichneten Schriftstück enthalten ist. Auch ein zu Protokoll erklärter Antrag ist ein schriftlicher, wenn das Protokoll von dem Antragsteller unterzeichnet worden ist. Bei schreibensunkundigen

[1]) Strafprozeßordnung § 156.

Personen genügen Handzeichen (Kreuze), auch wenn diese nicht beglaubigt sind. Ein schriftlicher Antrag kann auch durch einen hierzu nur mündlich Beauftragten Namens des Antragsteller geschrieben und unterschrieben werden.[2])

Eines Antrages von Seiten der durch eine strafbare Handlung verletzten Person, beziehungsweise ihres Vertreters,[3]) bedarf es zur Verfolgung strafbarer Handlungen, soweit das deutsche Strafgesetzbuch in Frage kommt, nur in folgenden Fällen:

1) bei Beleidigung und Verleumdung (§§ 185—187. 189 des Strafgesetzbuches),
2) bei Diebstahl, Unterschlagung und Betrug gegen Angehörige, Vormünder oder Erzieher des Thäters begangen (§§ 242—244. 246. 263. St. G. B.),
3) bei Diebstahl und Unterschlagung einer Sache von unbedeutendem Werthe begangen gegen eine Person, zu welcher der Thäter im Lehrlingsverhältnisse steht oder zu deren häuslicher Gemeinschaft er als Gesinde gehört (§§ 242—244. 246. St. G. B.),
4) bei Entwendung von Nahrungs- oder Genußmitteln von unbedeutendem Werthe oder in geringer Menge zum alsbaldigen Verbrauch sowie bei Futterdiebstahl (§ 370 ad 5 und 6. St. G. B.),

---

[2]) Urtheile des Reichsgerichts vom 10. Dezember 1880, 21. März 1881, 29. März 1881, 6. Mai 1881, 3. Februar 1888 (Rechtsprechung d. R.G. in Strafsachen Band II S. 625, III 156, 442, 281, X 92).

[3]) Strafgesetzbuch § 65.

5) bei unbefugter Jagdausübung Seitens eines Angehörigen des Jagdberechtigten (§§ 292. 293. St.G.B.),
6) bei einfacher vorsätzlicher Körperverletzung (§ 223. St. G. B.),
7) bei einfacher fahrlässiger Körperverletzung (§ 230 Absatz 1. St. G. B.),
8) bei einfacher Sachbeschädigung (§ 303. St. G. B.)
9) bei einfachem Hausfriedensbruch (§ 123. Absatz 1. St. G. B.),
10) bei Verleitung zur Eingehung einer ungültigen Ehe (§ 170. St. G. B.),
11) bei Ehebruch (§ 172. St. G. B.),
12) bei Sittlichkeitsvergehen gegen § 179 des St. G. B.
13) bei Verführung eines Mädchens von 14—16 Jahren (§ 182. St. G. B.),
14) bei Entführung (§§ 236. 237. St. G. B.),
15) bei Beseitigung von Vermögensstücken zur Vereitelung der Zwangsvollstreckung (§ 288. St. G. B.),
16) bei unbefugter Eröffnung von Briefen und bei Verletzung von Privatgeheimnissen (§§ 299. 300. St. G. B.),
17) bei strafbarem Eigennutz Minderjährigen gegenüber (§§ 301. 302. St. G. B.),
18) bei gewissen feindlichen Handlungen gegen befreundete Staaten (§§ 102. 103. 104. aber nicht bei Vergehen gegen § 103a des St. G. B.).

In allen diesen Fällen darf auch von der Polizei eine Strafverfolgung nicht mehr eingeleitet werden, wenn der zum Antrage Berechtigte es unterlassen hat, den schriftlichen Antrag binnen drei Monaten, nachdem er von der Handlung und von der Person des Thäters Kenntniß erhalten hat, zu stellen.[4])

Die Zurücknahme des gestellten Strafantrages ist bis zur Verkündigung eines auf Strafe lautenden Urtheils unbedingt zulässig nur in den oben unter 1 bis 5 und 18 geführten Fällen, in den Fällen 6 bis 8 nur dann, wenn das Vergehen gegen einen Angehörigen[5]) (Verwandten und Verschwägerten auf- und absteigender Linie, Adoptiv- und Pflegeeltern und Kinder, Ehegatten, Geschwister und deren Ehegatten, Verlobte) verübt worden ist. In allen anderen Fällen ist die Zurücknahme des Antrages für das Strafverfahren wirkungslos.[6]) Die schriftliche Form ist für die Erklärung der Zurücknahme des Strafantrages nicht vorgeschrieben.

Ist durch eine Anzeige oder auf anderem Wege eine strafbare Handlung zur Kenntniß der Sicherheitspolizei gelangt, so hat diese, falls nicht Gefahr im Verzuge ihr selbständiges Einschreiten erforderlich macht, ihre Verhandlungen ohne Verzug der zuständigen Staatsanwaltschaft zu übersenden.[7]) Auch in den Fällen, in

---

[4]) Strafgesetzbuch § 61.

[5]) Strafgesetzbuch § 52.

[6]) Strafgesetzbuch § 64. Abweichende Vorschriften bestehen für das Verfahren nach dem Feld- und Forstpolizeigesetz vom 1. April 1880 (siehe dort § 61).

[7]) Strafprozeßordnung § 161.

denen eine Anzeige der Polizeibehörde unbegründet erscheint, darf ihre Uebersendung an die Staatsanwaltschaft nicht unterbleiben, da nicht der Polizeibehörde, sondern der Staatsanwaltschaft die Prüfung obliegt, ob das Verfahren einzustellen ist oder nicht.[8]) Bei schweren Verbrechen, die zur Kenntniß der Polizei gelangt sind, ist eine sofortige Mittheilung an die Staatsanwaltschaft auch dann erforderlich, wenn die Polizei Ermittelungen noch nicht vorgenommen oder sie noch nicht abgeschlossen oder ein bestimmtes Ergebniß noch nicht erzielt hat. Erscheint die schleunige Vornahme richterlicher Untersuchungshandlungen (z. B. eine Leichenschau, eine förmliche Verhaftung) erforderlich, so kann die Uebersendung der aufgenommenen Verhandlungen unmittelbar an den Amtsrichter erfolgen.[9]) Es wird sich aber auch in diesem Falle empfehlen, gleichzeitig der Staatsanwaltschaft Nachricht von dem Vorgefallenen und Veranlaßten zu geben. Bei Uebersendung der Verhandlungen an den Amtsrichter wird die Polizei den Grund, der hierzu Veranlassung giebt, anzugeben haben. Zur förmlichen Stellung von Anträgen auf Vornahme bestimmter Untersuchungshandlungen ist sie jedoch nicht berechtigt.

Bei den Amtsgerichten wird die Staatsanwaltschaft durch Amtsanwälte, bei den Landgerichten durch Staatsanwälte vertreten.[10]) Je nachdem für die

[8]) Strafprozeßordnung § 168.

[9]) Strafprozeßordnung § 161.

[10]) Gerichtsverfassungsgesetz § 143.

Entscheidung des betreffenden Straffalles das Amtsgericht (Schöffengericht) oder das Landgericht das zunächst zuständige Gericht ist, sind die Verhandlungen von der Polizeibehörde dem Staatsanwalte oder dem Amtsanwalte zu übersenden. Zuständig sind die Schöffengerichte und mithin auch die Amtsanwälte:[11])

A. für alle Uebertretungen[12]) (namentlich §§ 360 bis 370 St. G. B.),

B. für die im Strafgesetzbuch vorgesehenen Vergehen:

1) des einfachen Diebstahls (§ 242 St. G. B.), der Unterschlagung (§ 246 St. G. B.), des einfachen Betruges (§ 263 St. G. B.), der einfachen Sachbeschädigung (§ 303 St. G. B.), wenn der verursachte Schaden, bezw. der Werth des Gestohlenen oder Unterschlagenen 25 Mark nicht übersteigt,

2) der Begünstigung (§ 257 St. G. B.), und einfachen Hehlerei (§§ 258 ad 1. 259 St. G. B.), wenn die Handlung, auf welche sich die Begünstigung oder Hehlerei bezieht, zur Zuständigkeit der Schöffengerichte gehört,

3) der fahrlässigen Beförderung der Entweichung eines Gefangenen (§ 121 Absatz 2. St. G. B.),

---

[11]) Gerichtsverfassungsgesetz § 27.

[12]) Eine mit dem Tode, mit Zuchthaus, oder mit Festungshaft von mehr als fünf Jahren bedrohte Handlung ist ein Verbrechen. Eine mit Festungshaft bis zu fünf Jahren, mit Gefängniß oder mit Geldstrafe von mehr als funfzig Thalern bedrohte Handlung ist ein Vergehen. Eine mit Haft oder mit Geldstrafe bis zu funfzig Thalern bedrohte Handlung ist eine Uebertretung (Strafgesetzbuch § 1).

4) des einfachen Hausfriedensbruches (§ 123 Absatz 1. St. G. B.),
5) des Vorschützens einer unwahren Entschuldigung als Zeuge u. s. w. (§ 138 St. G. B.),
6) der Verausgabung falschen Geldes (§ 148 St. G. B.),
7) der Verwendung gebrauchter Stempelmarken (§ 276 St. G. B.),
8) der einfachen unberechtigten Jagdausübung (§ 292 St. G. B.),
9) der unbefugten Eröffnung von Briefen (§ 299 St. G. B.),

C. für gewisse in anderen Gesetzen vorgesehene leichtere Vergehen, namentlich für die Gewerbevergehen (Gewerbeordnung § 147).

Anzeigen, die sich auf Uebertretungen und die vorgenannten Vergehen beziehen, sind dem Amtsanwalt zu übersenden.[18])

Bei allen anderen Vergehen und bei allen Verbrechen ist der Staatsanwalt bei dem Landgericht zuständig. Die betreffenden Anzeigen sind daher an ihn zu senden. Nur bei Hochverrath und Landesverrath, insofern diese Verbrechen gegen den Kaiser oder das Reich gerichtet

---

[18]) Durch Anordnung des Justizministers ist in Preußen für einzelne Bezirke die Bearbeitung der zur Zuständigkeit des Amtsanwalts gehörenden Vergehen der Staatsanwaltschaft des Landgerichts übertragen. Wo dieses der Fall ist, sind nur die Uebertretungen betreffenden Anzeigen dem Amtsanwalt, die Vergehen betreffenden dagegen sämmtlich dem Staatsanwalt zu übersenden.

sind, ist der Oberreichsanwalt der zuständige Beamte der Staatsanwaltschaft.[14]) Es würden daher an diesen auf jenes Verbrechen bezügliche Anzeigen zu senden sein.

2. Ermittelungen.

Die Behörden und Beamten des Polizei- und Sicherheitsdienstes haben, wie bereits erwähnt, die Aufgabe, strafbare Handlungen zu erforschen.[1]) Sie würden sich eines Verbrechens[2]) schuldig machen, wenn sie in der Absicht, Jemand der gesetzlichen Strafe rechtswidrig zu entziehen, die Verfolgung einer strafbaren Handlung unterließen.

Die Erforschung strafbarer Handlungen schließt sowohl die Feststellung des objektiven Thatbestandes als auch die Ermittelung des Thäters in sich.

Sobald die Polizei durch eine Anzeige oder auf anderem Wege von dem Verdachte einer strafbaren Handlung Kenntniß erhält, wird sie eine kurze Angabe des Sachverhaltes, soweit dieser sich ohne Zeitverlust feststellen läßt, der Staatsanwaltschaft zu übersenden haben. Sie wird ferner Ermittelungen nach der Person des Thäters durch Nachfragen, Beobachtung Verdächtiger u. s. w. anzustellen und Beweismittel für die

---

[14]) Gerichtsverfassungsgesetz § 136 ad II. § 143.

[1]) Strafprozeßordnung § 161.

[2]) Strafgesetzbuch § 346.

Thäterschaft zu sammeln haben. Insbesondere müssen von ihr alle keinen Aufschub gestattenden Schritte gethan werden, um die Verdunkelung der Sache zu verhüten. Hierzu gehört namentlich die Feststellung des örtlichen Befundes nach Verübung gewisser strafbarer Handlungen, soweit er Merkmale der Strafthat oder Spuren des Thäters darbietet, sowie die unveränderte Erhaltung dieses Befundes zum Zwecke einer richterlichen Augenscheinseinnahme. Es gehören hierher ferner die Vornahme einer schleunigen Durchsuchung von Wohnungen oder verdächtigen Personen und ihrer Sachen, die Beschlagnahme von Gegenständen, die als Beweismittel für die Untersuchung von Bedeutung sein können oder der Einziehung unterliegen, und endlich die Festnahme des Thäters. Die Zulässigkeit dieser Maßregeln (Durchsuchung, Beschlagnahme, Festnahme) ist jedoch an bestimmte gesetzliche Voraussetzungen geknüpft, die im Einzelnen später erörtert werden sollen.

Die Gendarmen haben Anzeigen von strafbaren Handlungen, sofern sie nicht in besonderen Fällen hiervon abweichende Aufträge oder Ersuchen erhalten haben, nicht an die Staatsanwaltschaft, sondern an die Ortspolizeibehörde einzureichen, in deren Bezirk die strafbare Handlung verübt worden ist.[3]) Von wichtigen

[3]) Erlaß des Ministers des Innern vom 7. August 1880 (Min.-Bl. d. i. V. S. 239).

und schweren Verbrechen sollen sie gleichzeitig auch der Staatsanwaltschaft Anzeige erstatten.

Bei Diebstählen, die anscheinend mittels Einbruches, Einsteigens, Erbrechens von Behältnissen oder Anwendung falscher Schlüssel verübt sind, wird festzustellen sein, ob das betreffende Gebäude oder der betreffende Raum keine offenen Zugänge gehabt hat, ob Spuren von Gewaltanwendung vorhanden sind, wo sich die Schlüssel zu den Thüren zur Zeit des Diebstahls befunden haben, wer den Verschluß vor dem Diebstahl bewirkt hat, auf welchem Wege der Thäter den örtlichen Verhältnissen nach in das Gebäude eingedrungen ist. Es wird ferner darauf zu achten sein, ob der Thäter ihm gehörige Gegenstände am Ort der That zurückgelassen hat, ob Fußspuren des Thäters sichtbar, wie sie beschaffen sind, wohin sie führen. Bei erheblichen Verdachtsgründen gegen eine bestimmte Person wird durch eine Durchsuchung der Wohnung festzustellen sein, ob sich jene im Besitze der gestohlenen Gegenstände befindet. Bei jedem Diebstahl werden die Ermittelungen auch auf den Werth der gestohlenen, bei Unterschlagung auf den Werth der unterschlagenen Sache, bei Betrug und Sachbeschädigung auf die Höhe des Schadens auszudehnen und mit Rücksicht auf die gerichtliche Zuständigkeit [4]) namentlich festzustellen sein, ob dieser Werth oder Schaden die Summe von 25 Mark übersteigt oder nicht. —

[4]) Siehe oben S. 30.

Bei Körperverletzungen wird die Art und die Erheblichkeit der Verletzung, soweit dieses ohne Zuziehung eines Arztes möglich ist, festzustellen sein, namentlich, mittels welchen Werkzeuges sie zugefügt ist. Ist ein solches gebraucht worden, so wird es in Beschlag zu nehmen sein. Ist der Name des Thäters unbekannt, so ist, wenn möglich, eine Beschreibung seiner Person aufzunehmen.

Sind Anhaltspunkte dafür vorhanden, daß Jemand eines nicht natürlichen Todes gestorben ist, oder wird der Leichnam eines Unbekannten gefunden, so sind die Polizei- und Gemeindebehörden zur sofortigen Anzeige an den Staatsanwalt oder den Amtsrichter verpflichtet. Die Beerdigung darf nur auf Grund einer schriftlichen Genehmigung des Staatsanwalts oder des Amtsrichters erfolgen.[5]) Die Anzeige ist auch dann zu erstatten, wenn die betreffende Polizeibehörde der Ansicht ist, daß eine strafbare Handlung nicht vorliegt, da nur der Justizbehörde die Entscheidung darüber zusteht, ob eine nähere Ermittelung der Todesursache stattzufinden hat oder nicht. Die Anzeige wird zweckmäßig dem Amtsrichter zu erstatten sein, wenn dieser schneller zu erreichen ist, als der Staatsanwalt. Die Beerdigung der Leiche darf nur nach schriftlich ertheilter Genehmigung des Richters oder des Staatsanwaltes erfolgen. Die Polizeibehörde, welcher der Beerdigungsschein eingehändigt worden ist, hat dem zuständigen Standes-

[5]) Strafprozeßordnung § 157.

beamten auf Grund der in dem Beerdigungsschein enthaltenen Angaben die zur Eintragung des Sterbefalles in das Sterberegister erforderliche Mittheilung zu machen.[6]) Vor Eintragung des Sterbefalles in das Sterberegister darf die Beerdigung ohne Genehmigung der Ortspolizeibehörde nicht stattfinden.[7]) Die Ermittelungen der Polizeibehörde in Betreff des Todesfalles werden hauptsächlich darauf zu richten sein, wo, von wem und unter welchen Verhältnissen die Leiche gefunden worden ist, wer den Verstorbenen zuletzt vor seinem Tode gesehen hat, ob Grund vorliegt, einen Selbstmord oder einen Unglücksfall anzunehmen. Von dem Leichnam eines **Unbekannten** ist eine genaue Beschreibung aufzunehmen. Ebenso sind seine Kleidung und etwa vorhandene besondere Merkmale genau zu bezeichnen. Gegenstände, die er an sich hat, sind in Verwahrung zu nehmen. Trägt eine Leiche Spuren **äußerer Verletzungen**, so ist ihre Umgebung nach dem Werkzeuge, mit dem jene bewirkt sein könnten, sowie nach Spuren des Thäters zu durchsuchen. Die Leiche ist, wenn möglich, bis zur Einnahme des richterlichen Augenscheins in derselben Lage zu lassen, in welcher sie gefunden worden ist. Nöthigenfalls ist sie

---

[6]) Reichsgesetz vom 6. Februar 1875 § 56. — Erlaß des Justizministers vom 21. Juni 1875 und des Ministers des Innern vom 4. Juli 1875 (JMBl. S. 157, Min.-Bl. d. i. V. S. 144) sowie des Justizministers vom 4. Mai 1878 (JMBl. S. 75 und Min.-Bl. d. i. V. S. 89).

[7]) Reichsgesetz vom 6. Februar 1875 § 60.

zu bewachen. Liegt der Verdacht einer Vergiftung vor, so sind die Gefäße, aus welchen der Verstorbene zuletzt gegessen, namentlich, wenn sie noch Speisereste enthalten, sowie etwaige Ausleerungen des Verstorbenen in Verwahrung zu nehmen. Ist ein Arzt zu den Ermittelungen zugezogen worden, so wird zweckmäßig eine von ihm über den Todesfall ausgestellte Bescheinigung der Anzeige beigefügt werden.

Wird ein Geldstück als falsches erkannt, so wird es sofort in Beschlag zu nehmen und zu ermitteln sein, wer es zuletzt verausgabt und wer es zuerst in Verkehr gebracht hat. Ebenso sind Urkunden, deren Echtheit erheblichen Zweifel unterliegt, in Beschlag zu nehmen.

Nach einer Feuersbrunst hat die Polizei dem Staatsanwalte Anzeige von dem Brande und seiner vermuthlichen Ursache zu machen. Diese Anzeige darf nur dann unterbleiben, wenn die polizeilichen Ermittelungen mit völliger Sicherheit ergeben haben, daß eine andere Entstehungsursache des Feuers, als vorsätzliche oder fahrlässige Brandstiftung vorliegt (z. B. Blitzschlag). Zweckmässig ist es jedoch, in jedem Falle von dem Ergebniß der polizeilichen Ermittelungen, sollten sie auch nur im Interesse der Versicherungsanstalten oder der Feuerlöschpolizei stattgefunden haben, dem Staatsanwalte Kenntniß zu geben.[8]) Die Ermittelungen sind darauf zu richten, ob der Brand durch

[8]) Verf. des Ministers des Innern vom 31. Juli 1850.

einen Zufall, durch Fahrlässigkeit oder vorsätzlich verursacht worden ist. Es wird die Brandstätte in Augenschein zu nehmen und darauf zu achten sein, ob dort etwa Spuren vorhanden sind, welche auf Brandstiftung deuten. Von der Brandstätte wird zweckmäßig eine Zeichnung aufzunehmen und die Entfernung jener von anderen Gebäuden festzustellen sein. Ferner wird festzustellen sein die frühere Beschaffenheit des abgebrannten Gebäudes, seine Bauart, der Zustand der Schornsteine und Feuerstellen. Es wird zu ermitteln sein, in welchem Verhältniß die Höhe des Brandschadens zu einer etwa eingegangenen Versicherung gegen Feuersgefahr steht, in welchen Vermögensverhältnissen der Brandbeschädigte sich befindet, wo er bei Ausbruch des Feuers gewesen ist und wie er sich während dessen verhalten hat, von wem das Feuer zuerst bemerkt worden, an welcher Stelle es ausgebrochen ist, in welcher Richtung der Wind geweht hat, ob der Brandbeschädigte vor dem Brande verdächtige Maßnahmen getroffen, ob er persönliche Feinde hat, zutreffendenfalls, wo sich diese zur Zeit des Feuerausbruches aufgehalten, ob sie vor dem Brande verdächtige Aeußerungen gethan und wie sie sich während des Brandes benommen haben.

Abgesehen von der Augenscheinseinnahme werden die von der Polizei anzustellenden Ermittelungen regelmäßig in der Vernehmung von Personen bestehen. Die Ortspolizeibehörde ist befugt, die zu vernehmenden Personen vorzuladen und ihr Erscheinen durch Androhung der im § 132 des Landesverwaltungsgesetzes vom 30. Juli 1883 vorgesehenen Zwangsmittel zu erzwingen. Beschwerden, die von dem Betroffenen hierüber erhoben werden, sind jedoch nicht an die vorgesetzte Verwaltungsbehörde, sondern an die Staatsanwaltschaft zur Entscheidung abzugeben.*)

Zeugen sind in Abwesenheit des einer Strafthat Verdächtigen und einzeln zu vernehmen. Ihre Aussagen, bei denen sorgfältig zu unterscheiden ist, was der Vernommene selbst unmittelbar wahrgenommen und was er von anderen Personen erfahren hat, sind entweder in direkter Rede in das Protokoll niederzuschreiben oder in Berichtsform wiederzugeben. Wissen Zeugen nichts Erhebliches, oder nur dasselbe wie bereits vernommene Zeugen, zu bekunden, so genügt ein hierauf bezüglicher Vermerk.

Es empfiehlt sich, der Aussage jedes Zeugen zur Sache eine Angabe über seine persönlichen Verhältnisse (Namen, Stand, Alter, Wohnung, Verhältniß zu dem der Strafthat Beschuldigten, wenn ein solcher bereits vorhanden ist) vorausgehen zu lassen. Die Aussage darf von dem Zeugen verweigert werden, wenn und soweit einer der in den §§ 51—54 der Strafprozeßordnung bezeichneten Fälle vorliegt. Einen Zwang zur Aussage gegen den erschienenen Zeugen auszuüben, ist die Polizei in keinem Falle berechtigt.

*) Erlaß des Ministers des Innern vom 9. Mai 1896 (Min.-Bl. d. i. V. S. 79).

Die im § 69 der Strafprozeßordnung zur Erzwingung des Zeugnisses zugelassenen Maßregeln dürfen nur von dem Gerichte verhängt werden.

Dem Beschuldigten ist bei seiner Vernehmung auch Gelegenheit zur Beseitigung der gegen ihn vorliegenden Verdachtsgründe und zur Geltendmachung der zu seinen Gunsten sprechenden Thatsachen zu geben. Zugleich wird bei der Vernehmung auf Ermittelung der persönlichen Verhältnisse des Beschuldigten Bedacht zu nehmen sein. Zu diesen gehören besonders Namen, Geburtstag, Geburtsort, Aufenthaltsort, Wohnort, Religion, Stand oder Gewerbe, Militärverhältniß und etwaige Vorbestrafungen. Die Anwendung von Zwangsmitteln gegen den Beschuldigten, um ihn zu einer Aussage zu nöthigen, ist nicht nur unstatthaft, sondern unter Umständen sogar nach § 343 des Strafgesetzbuches strafbar.

Bei Beschuldigten, die unter 19 Jahre alt sind, ist anzugeben, bei welchem Standesamte ihre Geburt beurkundet ist, bei Personen im militäpflichtigen Alter, ob sie Wehrleute oder Reservisten, ob sie endgültig für dauernd unbrauchbar zum Militärdienst erklärt oder vorläufig zurückgestellt oder dem Landsturm überwiesen worden sind.

Bei Amtshandlungen an Ort und Stelle ist der Beamte, der sie leitet, befugt, Personen, die seine amtliche Thätigkeit vorsätzlich stören oder sich den von ihm innerhalb seiner Zuständigkeit getroffenen Anordnungen widersetzen, festzunehmen und bis zur Beendigung seiner

Amtsverrichtungen, jedoch nicht über den nächstfolgenden Tag hinaus, festzuhalten.[10])

3. Durchsuchung.

„Bei demjenigen, welcher als Thäter oder Theilnehmer „einer strafbaren Handlung oder als Begünstiger oder „Hehler verdächtig ist, kann eine Durchsuchung der „Wohnung und anderer Räume, sowie seiner Person „und der ihm gehörigen Sachen, sowohl zum Zwecke „seiner Ergreifung, als auch dann vorgenommen werden, „wenn zu vermuthen ist, daß die Durchsuchung zur „Auffindung von Beweismitteln führen werde.“ [1])

„Bei anderen Personen sind Durchsuchungen nur behufs „der Ergreifung des Beschuldigten oder behufs der Verfolgung von Spuren einer strafbaren Handlung oder „behufs der Beschlagnahme bestimmter Gegenstände und „nur dann zulässig, wenn Thatsachen vorliegen, aus „denen zu schließen ist, daß die gesuchte Person, Spur „oder Sache sich in den zu durchsuchenden Räumen befinde. Diese Beschränkung findet keine Anwendung auf „die Räume, in welchen der Beschuldigte ergriffen worden „ist, oder welche er während der Verfolgung betreten „hat, oder in welchen eine unter Polizeiaufsicht stehende „Person wohnt, oder sich aufhält.“ [2])

---

[10]) Strafprozeßordnung § 162.

[1]) Strafprozeßordnung § 102.

[2]) Strafprozeßordnung § 103. — Nicht berührt durch diese Vorschriften, sondern in Geltung geblieben sind die besonderen Bestimmungen

Gegenstand der Durchsuchung sind hiernach:
a) Wohnungen und andere Räume, b) Personen, c) Sachen.

Zweck der Durchsuchung ist:
a) Ergreifung einer Person,
b) Auffindung von Beweismitteln für die Strafthat.

Voraussetzung einer jeden Durchsuchung ist:
a) der Verdacht einer bestimmten strafbaren Handlung[3]) und
b) die Vermuthung, daß die Durchsuchung zur Ergreifung der gesuchten Person oder zur Auffin-

---

der Zoll- und Steuergesetze über die Durchsuchungen bei Zoll- und Steuerdelikten (§ 6 Ziffer 3 des Einführungsgesetzes zur Strafprozeßordnung vom 1. Februar 1877) und die Bestimmungen des § 103 der Seemannsordnung vom 27. Dezember 1872 über die Durchsuchung der Effekten der Schiffsleute auf Schiffen. Ferner stellt nicht jedes Einbringen in die Wohnung im Sinne des § 7 des Gesetzes zum Schutze der persönlichen Freiheit vom 12. Februar 1850 (G.S. S. 45) eine „Durchsuchung" im Sinne der Straprozeßordnung dar. Die Zulässigkeit des Eindringens in eine Wohnung Seitens eines Polizeibeamten behufs Ausübung einer sittenpolizeilichen Kontrolle, ohne daß eine förmliche Durchsuchung der Wohnräume stattfindet, ist daher nicht von dem Vorliegen der Voraussetzungen der Strafprozeßordnung für Durchsuchungen von Wohnungen abhängig (vgl. Urtheil des Reichsgerichts vom 22. Februar 1881, Rechtsp. III 63).

[3]) Ob diese Handlung ein Verbrechen, ein Vergehen oder eine Uebertretung darstellt, ist unerheblich. Erforderlich ist jedoch, daß eine strafbare Handlung bereits begangen ist. Der Verdacht, daß eine strafbare Handlung begangen werden solle, rechtfertigt nicht die Durchsuchung des Verdächtigen (Urtheil des Reichsgerichts vom 1. Mai 1882, Rechtspr. IV 415).

dung von Beweismitteln für die Strafthat führen werde.

Das Zutreffen dieser beiden Voraussetzungen ist ausreichend, um die Vornahme einer Durchsuchung zu rechtfertigen, wenn letztere die Räume, die Sachen oder die Person des Verdächtigen selbst[4]) betreffen soll. Dagegen dürfen Durchsuchungen[5]) bei Personen, welche der betreffenden strafbaren Handlung nicht verdächtig, vielmehr bei ihr unbetheiligt sind, nur stattfinden:

a) behufs der Ergreifung des Beschuldigten,[6])
b) behufs der Verfolgung der Spuren einer strafbaren Handlung,
c) behufs der Beschlagnahme bestimmter Gegenstände,

---

[4]) Besteht ein Verdacht gegen mehrere Personen, so kann bei ihnen allen eine Durchsuchung stattfinden, wenn auch nur Einer der Thäter sein kann. Als „Wohnung“ des Verdächtigen sind diejenigen Räumlichkeiten anzusehen, die er thatsächlich zum Wohnen benutzt, mag auch eine andere Person ihr Eigenthümer oder Miether sein, als „andere Räume“ des Verdächtigen solche, die ihm zur Benutzung oder Mitbenutzung zu anderen als Wohnzwecken überlassen worden sind.

[5]) Die Durchsuchungen bei diesen nicht verdächtigen Personen sind nicht, wie es nach dem Wortlaut des § 103 der Strafprozeßordnung scheinen könnte, auf die Räume dieser Personen beschränkt, sondern können sich auch auf ihren Körper und ihre außerhalb ihrer Wohnung befindlichen Sachen erstrecken (vgl. Urtheil des Reichsgerichts vom 11. Juni 1886, Entsch. XIV, 189, Rechtspr. VIII 454).

[6]) Unter dem „Beschuldigten“ ist hier der Verdächtige zu verstehen. Davon, daß gegen diesen bereits ein Strafverfahren eingeleitet worden, ist die Zulässigkeit der Durchsuchung nicht abhängig.

und auch nur dann, wenn

entweder 1) die Vermuthung, daß die Durchsuchung das erwartete Ergebniß haben werde, sich auf bestimmte Thatsachen stützt,

oder 2) ein Raum durchsucht werden soll, in welchem der Beschuldigte[7]) bereits ergriffen ist, oder den er während der Verfolgung betreten hat, oder in welchem eine unter Polizeiaufsicht stehende Person[8]) wohnt oder sich aufhält.[9])

Zur Nachtzeit dürfen Durchsuchungen der Wohnung, der Geschäftsräume und des befriedeten Besitzthums (Haussuchungen) in der Regel nicht vorgenommen werden.[10]) Die Nachtzeit umfaßt in dem Zeitraume vom ersten April bis dreißigsten September die Stunden von 9 Uhr Abends bis 4 Uhr Morgens und in dem Zeitraume vom ersten Oktober bis einunddreißigsten

---

[7]) Unter dem „Beschuldigten" ist hier der Verdächtige zu verstehen. Davon, daß gegen diesen bereits ein Strafverfahren eingeleitet worden, ist die Zulässigkeit der Durchsuchung nicht abhängig.

[8]) vgl. Strafgesetzbuch §§ 38. 39.

[9]) Ein blos augenblickliches Verweilen genügt nicht für die Annahme eines Aufenthalts.

[10]) Die Haussuchung darf zur Nachtzeit nicht begonnen werden. Dagegen darf eine vor Eintritt der Nachtzeit begonnene Haussuchung in die Nachtzeit hinein fortgesetzt werden. — Das Verbot des Eindringens in die Wohnung erstreckt sich auch nicht auf die im § 9 des Gesetzes zum Schutz der persönlichen Freiheit vom 12. Februar 1850 bezeichneten Fälle einer Feuers- oder Wassersnoth, einer Lebensgefahr oder eines aus dem Innern der Wohnung hervorgegangenen Ansuchens.

März die Stunden von 9 Uhr Abends bis 6 Uhr Morgens.[11])

Die Durchsuchung ist jedoch zur Nachtzeit statthaft in folgenden Fällen:[12])

1) bei Verfolgung auf frischer That,[13])
2) bei Gefahr im Verzuge,[14])
3) wenn es sich um die Wiederergreifung eines entwichenen Gefangenen[15]) handelt,
4) in Wohnungen von Personen, die unter Polizeiaufsicht stehen,
5) in Räumen, welche zur Nachtzeit jedermann zugänglich sind,[16])

---

[11]) Strafprozeßordnung § 104.

[12]) Strafprozeßordnung § 104.

[13]) Diese liegt vor, wenn die That unmittelbar nach ihrer Verübung entdeckt und die Verfolgung der als Thäter verdächtigen Person sofort unternommen worden ist.

[14]) Diese liegt vor, wenn anzunehmen ist, daß ein Aufschub der Durchsuchung bis zur Tageszeit ihren Erfolg vereiteln würde.

[15]) Unter „Gefangener" ist hier sowohl ein Strafgefangener oder Untersuchungsgefangener als auch ein vorläufig Festgenommener zu verstehen, letzterer im Falle der Festnahme durch eine Privatperson jedoch erst dann, wenn er an einen zuständigen Beamten abgeliefert worden ist (vgl. Urtheil des Reichsgerichts vom 19. Januar 1886, Entsch. XIII 254, Rechtspr. VIII 64). Ebenso hat ein in Folge Vorführungsbefehls zum Verhör Geführter (Strafprozeßordnung §§ 50, 133, 134, 215, 229, 235, 370, 427, 489) die Eigenschaft eines „Gefangenen" (Urtheil des Reichsgerichts vom 1. Mai 1885, Entsch. XII 162, Rechtspr. VII 273).

[16]) Hierher gehören namentlich Wirthshäuser, solange sie dem Publikum geöffnet sind.

6) in Räumen, welche der Polizei als Herbergen oder Versammlungsorte bestrafter Personen, als Niederlagen von Sachen, die mittelst strafbarer Handlungen erlangt sind, oder als Schlupfwinkel des Glücksspiels oder gewerbsmäßiger Unzucht bekannt sind.

Die Anordnung von Durchsuchungen (d. h. die Entscheidung, daß die Durchsuchung stattfinden soll) steht, abgesehen von den vorstehend unter 4. 5. und 6. angeführten Fällen, nur denjenigen Polizei- und Sicherheitsbeamten zu, welche als Hülfsbeamte der Staatsanwaltschaft den Anordnungen derselben Folge zu leisten haben, und auch diesen nur dann, wenn Gefahr im Verzuge ist.[17]) Dies ist stets der Fall, wenn der Aufschub die Vornahme der Durchsuchung vereiteln oder die Erreichung ihres Zwecks gefährden könnte. Einer Anordnung der Durchsuchung Seitens eines hierfür zuständigen Beamten wird es übrigens nicht bedürfen, wenn der von der Durchsuchung Betroffene sich ausdrücklich mit dieser Maßregel einverstanden erklärt.

---

[17]) Strafprozeßordnung § 105. Die Klassen derjenigen Polizeibeamten, welche die Eigenschaft von Hülfsbeamten der Staatsanwaltschaft haben, sind oben S. 10—21 aufgeführt. Die Königlichen Gendarmen gehören nicht zu ihnen. — Auch Forstbeamten steht das Recht zur Anordnung von Durchsuchungen nur zu, wenn sie Hülfsbeamte der Staatsanwaltschaft sind (Urtheil des Reichsgerichts vom 29. Januar 1886, Entsch. XIII, 270, Rechtspr. VIII 105).

Die Ausführung einer von einem Hülfsbeamten der Staatsanwaltschaft, von dieser oder von dem Gericht angeordneten Untersuchung kann auch durch solche Polizeibeamte erfolgen, welche nicht zu den Hülfsbeamten der Staatsanwaltschaft gehören.

Wenn eine Durchsuchung von einem Polizeibeamten vorgenommen wird, so hat er, wenn dies möglich,[18]) einen Gemeindebeamten oder zwei Gemeindemitglieder, die nicht Polizei- oder Sicherheitsbeamte sind,[19]) zuzuziehen.

Auch ohne daß Gefahr im Verzuge ist, kann die Polizei Durchsuchungen selbständig anordnen, wenn es sich um die oben unter 4. 5. und 6. erwähnten Räume handelt. In diesem Falle bedarf es auch nicht der Zuziehung von Gemeindebeamten oder Gemeindemitgliedern.

Erscheint in anderen Fällen, in denen keine Gefahr im Verzuge ist, die Vornahme einer Durchsuchung nothwendig, so hat die Polizei von dem Sachverhalte der Staatsanwaltschaft Anzeige zu machen und deren Entschließung abzuwarten oder sich, wenn hiermit zu viel Zeit verloren würde, unmittelbar mit der Anzeige an den Amtsrichter zu wenden.[20])

---

[18]) Diese Möglichkeit liegt nicht vor, wenn die Zuziehung einen Zeitverlust herbeiführen würde, der den Erfolg der Durchsuchung gefährdet.

[19]) Der zugezognen Gemeindebeamte darf Polizei- oder Sicherheitsbeamter sein.

[20]) Strafprozeßordnung § 161. Siehe auch oben S. 29.

In militärischen Dienstgebäuden darf eine Durchsuchung von Polizeibeamten nur dann vorgenommen werden, wenn sie sich auf Räume bezieht, die ausschließlich von Civilpersonen bewohnt werden. Ist dies nicht der Fall, so ist die Militärbehörde um Vornahme der Durchsuchung zu ersuchen.[21])

Der Inhaber der zu durchsuchenden Räume oder Gegenstände darf der Durchsuchung beiwohnen. Ist er abwesend, so ist, wenn dies möglich, sein Vertreter oder ein erwachsener Angehöriger, Hausgenosse oder Nachbar zuzuziehen.

Vor Beginn der Durchsuchung ist dem Inhaber oder der in dessen Abwesenheit zugezogenen Person, wenn jener nicht der einer strafbaren Handlung Beschuldigte ist, der Zweck der Durchsuchung bekannt zu machen. Diese Bekanntmachung kann gegenüber den unter Polizeiaufsicht stehenden Personen und den Inhabern der oben unter 5. und 6. bezeichneten Räume unterbleiben.[22])

Nach Beendigung der Durchsuchung ist dem von ihr Betroffenen auf Verlangen eine schriftliche Mittheilung zu machen, welche den Grund der Durchsuchung und, falls jener auch der Beschuldigte ist, die straf-

---

[21]) Strafprozeßordnung § 105. Zu den „militärischen Dienstgebäuden" gehören nach § 98 auch Kriegsfahrzeuge.

[22]) Strafprozeßordnung § 106. Der von der Durchsuchung Betroffene wird vor dem Beginn zu befragen sein, ob er den gesuchten Gegenstand in seinem Gewahrsam habe, und zur freiwilligen Herausgabe aufzufordern sein.

bare Handlung, deren er verdächtig ist, bezeichnen muß. Auch ist ihm auf Verlangen ein Verzeichniß der in Verwahrung oder Beschlag genommenen Gegenstände, falls aber nichts Verdächtiges gefunden wird, eine Bescheinigung hierüber zu geben.[23])

Werden bei Gelegenheit einer Durchsuchung Gegenstände gefunden, welche zwar in keiner Beziehung zu der Untersuchung stehen, aber auf die erfolgte Verübung einer anderen strafbaren Handlung hindeuten, so sind sie einstweilen in Beschlag zu nehmen. Der Staatsanwaltschaft ist hiervon Kenntniß zu geben.[24])

Die in Verwahrung oder in Beschlag genommenen Gegenstände sind genau zu verzeichnen und zur Verhütung von Verwechselungen durch amtlichen Siegel oder in sonst geeigneter Weise kenntlich zu machen.[25])

Eine Durchsicht der Papiere des von der Durchsuchung Betroffenen steht den Polizeibeamten nur zu, wenn ihr Inhaber die Durchsicht genehmigt. Andernfalls sind die Papiere, deren Durchsicht geboten erscheint, in einem Umschlage, welcher in Gegenwart des Inhabers mit dem Amtssiegel zu verschließen ist, an

---

[23]) Strafprozeßordnung § 107.

[24]) Strafprozeßordnung § 108. Diese einstweilige Beschlagnahme kann auch von Beamten angeordnet werden, die an sich zur Anordnung von Beschlagnahmen nicht befugt sind. Sie bedarf aber ebenfalls der richterlichen Bestätigung (siehe unten S. 53), wenn Widerspruch gegen die Wegnahme erhoben wird.

[25]) Strafprozeßordnung § 109.

den Richter abzuliefern. Dem Inhaber der Papiere oder dessen Vertreter ist die Beidrückung seines Siegels gestattet.[26])

4. Beschlagnahme.

„Gegenstände, welche als Beweismittel für die Unter„suchung von Bedeutung sein können oder der Ein„ziehung unterliegen, sind in Verwahrung zu nehmen „oder in anderer Weise sicher zu stellen. Befinden sich „die Gegenstände in dem Gewahrsam einer Person und „werden dieselben nicht freiwillig herausgegeben, so be„darf es der Beschlagnahme.[1])

---

[26]) Strafprozeßordnung § 110. Unter „Papieren" sind hier alle Schriftstücke mit Ausnahme von Druckschriften zu verstehen.

[1]) Strafprozeßordnung § 94. Keine Anwendung findet diese Vorschrift auf die Zulässigkeit der Beschlagnahme an Werkzeugen, die der bei Ausführung eines Forstdiebstahls oder gleich darnach betroffene oder verfolgte Thäter bei sich führt, wenn diese Werkzeuge zur Begehung des Forstdiebstals geeignet sind (Forstdiebstahlsgesetz vom 15. April 1878 § 16). Zu dieser Beschlagnahme sind auch die Forstbeamten, Waldeigenthümer und von ihnen bestellten Forstaufseher auch dann berechtigt und verpflichtet, wenn sie nicht Hülfsbeamte der Staatsanwaltschaft sind (Einführungsgesetz zur Strafprozeßordnung § 3 Absatz 3; Urtheil des Reichsgerichts vom 20. November 1884 (Entsch. XI 321, Rechtsp. VI 748). Nicht berührt durch die Vorschriften der Strafprozeßordnung, sondern in Geltung geblieben sind die Bestimmungen der §§ 23 ff. des Preßgesetzes vom 7. Mai 1874 über die Beschlagnahme von Druckschriften und die der Zoll- und Steuergesetze über Beschlagnahme bei Zoll- und Steuerdelikten (vergl. § 6 Ziffer 3 des Einführungsgesetzes zur Strafprozeßordnung vom 1. Februar 1877). Ebenso finden die Vorschriften der Strafprozeßordnung keine Anwendung auf Beschlagnahmen, die nicht

Es ist hiernach zu unterscheiden zwischen der einfachen Verwahrung und der förmlichen Beschlagnahme. Erstere findet statt:

a) wenn ein Gegenstand der fraglichen Art sich nicht im Gewahrsam einer Person befindet,

b) wenn er von dem Inhaber freiwillig herausgegeben wird.

Sie kann von jedem Polizeibeamten ohne Weiteres vorgenommen werden.

Erfolgt jedoch die Herausgabe nicht freiwillig, so bedarf es der förmlichen Beschlagnahme, welche in der Regel nur von dem Richter verhängt werden soll.

Schriftliche Mittheilungen zwischen dem Beschuldigten und denjenigen Personen, die wegen ihres Verhältnisses zu ihm zur Verweigerung des Zeugnisses berechtigt sind (Verlobte, Ehegatten, Verwandte, Ver-

---

für Zwecke der Strafverfolgung, sondern als Maßregel einer Präventivpolizei zur Verhütung von strafbaren Handlungen oder Gefahren durch Polizeibeamten vorgenommen werden, wie z. B. auf die Wegnahme von feilgehaltenen Nahrungsmitteln zum Zweck der Untersuchung auf ihre Schädlichkeit (vergl. Urtheil des Reichsgerichts vom 23. Oktober 1883, Entsch. IX 121, Rechtspr. in Strafsachen V 637) oder die Wegnahme eines Werkzeuges zur Verhütung einer drohenden Körperverletzung (Urtheil des Reichsgerichts vom 16. November 1885, Entsch. XIII 44, Rechtspr. VII 668,) oder von Thieren, deren Einführung über die Landesgrenze verboten ist. — Hinsichtlich der Gegenstände, die der Einziehung unterliegen, vergl. Strafgesetzbuch §§ 40—152, 295, 360, 367, 369; Nahrungsmittelgesetz vom 14. Mai 1879 § 15; Forstdiebstahlsgesetz vom 15. April 1878 §§ 15—17; Feld- und Forstpolizeigesetz vom 1. April 1880 §§ 23, 33, 36, 40, 43, 53.

schwägerte, Adoptirte, Seelsorger, Vertheidiger, Rechtsanwälte, Aerzte), unterliegen der Beschlagnahme nicht, falls sie sich in den Händen der letzteren Personen befinden und diese nicht einer Theilnahme, Begünstigung oder Hehlerei in Bezug auf die fragliche Strafthat verdächtig sind.[2])

Die selbständige Anordnung einer Beschlagnahme (d. h. die Entscheidung, daß eine Beschlagnahme stattfinden soll,) steht nur denjenigen Polizei- und Sicherheitsbeamten zu, welche als Hülfsbeamte der Staatsanwaltschaft deren Anordnungen Folge zu leisten haben, jedoch auch nur dann, wenn Gefahr im Verzuge ist.[3]) Auf Ersuchen der Staatsanwaltschaft oder des Richters ist jeder Polizeibeamte befugt, Beschlagnahmen auszuführen.[4])

---

[2]) Strafprozeßordnung § 97. Auf schriftliche Mittheilungen zwischen den zur Zeugnißverweigerung berechtigten Personen unter einander bezieht sich diese Vorschrift nicht.

[3]) Strafprozeßordnung § 98. Wegen des Begriffs „Gefahr im Verzuge“ siehe oben Seite 37 und wegen der Hülfsbeamten ebendort Anmerkung 17.

[4]) Die Ausführung der Beschlagnahme kann nicht nur in der Wegnahme des Gegenstandes, sondern auch in einem Verbot an den Inhaber, über den Gegenstand irgendwie zu verfügen, unter Belassung des Gegenstandes in seinem Gewahrsam bestehen (vergl. Urtheil des Reichsgerichts vom 19. Juni 1888, Entsch. XVIII 71, Rechtsp. X 443). — Hinsichtlich der Wegnahme von Gegenständen eines Festgenommenen oder Verhafteten siehe unten Seite 57 u. 58.

Ist die Beschlagnahme ohne richterliche Anordnung erfolgt, so soll der Beamte, welcher die Beschlagnahme angeordnet hat, binnen 3 Tagen[5]) die richterliche Bestätigung nachsuchen:

a) wenn bei der Beschlagnahme weder der davon Betroffene noch ein erwachsener Angehöriger desselben anwesend war,

b) wenn der Betroffene oder in seiner Abwesenheit ein erwachsener Angehöriger desselben gegen die Beschlagnahme ausdrücklich Widerspruch erhoben hat.[6])

Von der Polizeibehörde ist diese richterliche Bestätigung Seitens des Amtsrichters, in dessen Bezirk die Beschlagnahme stattgefunden hat, nur dann nachzusuchen, wenn die Polizeibehörde, weil Gefahr im Verzuge war, die Beschlagnahme selbständig angeordnet hat.[7]) Hat die Polizei dagegen die Beschlagnahme im Auftrage oder auf Ersuchen der Staatsanwaltschaft vorgenommen, so hat sie von dem Widerspruch oder der Abwesenheit des Betroffenen nur dieser Behörde Anzeige zu machen.

---

[5]) Die Frist beginnt nicht mit der Anordnung, sondern erst mit der Ausführung der Beschlagnahme.

[6]) Strafprozeßordnung § 98.

[7]) Die Stellung des Antrages auf richterliche Bestätigung kann auch durch Vermittelung der Staatsanwaltschaft erfolgen, wenn nicht anzunehmen ist, daß hierdurch die dreitägige Frist versäumt wird.

Beschlagnahmen dürfen in militärischen Dienstgebäuden, zu welchen auch Kriegsfahrzeuge gehören, von der Polizei nur dann vorgenommen werden, wenn sie in Räumen stattfinden sollen, die ausschließlich von Civilpersonen bewohnt werden. Andernfalls erfolgen sie durch Ersuchen der Militärbehörde.[8])

Die in Verwahrung oder in Beschlag genommenen Gegenstände sind genau zu verzeichnen und zur Verhütung von Verwechselungen durch amtliche Siegel oder in sonst geeigneter Weise kenntlich zu machen.[9])

Eine Beschlagnahme der an den Beschuldigten gerichteten Briefe und Sendungen auf der Post sowie der an ihn gerichteten Telegramme auf den Telegraphenanstalten kann durch die Polizei nicht angeordnet werden.[10])

Für die Beschlagnahme von Druckschriften sind die besonderen Vorschriften des Preßgesetzes maßgebend.[11])

Besondere Vorschriften sind über die Beschlagnahme und Einziehung von Fanggeräthen, die zu Fischereivergehen und Übertretungen benutzt worden sind, von dem Minister für Landwirtschaft u. s. w. erlassen worden.[12])

---

[8]) Strafprozeßordnung § 98.

[9]) Strafprozeßordnung § 109.

[10]) Strafprozeßordnung § 99.

[11]) Reichsgesetz über die Presse vom 7. Mai 1874 §§ 23 bis 27.

[12]) Erlaß vom 19. Dezember 1893 (Minist.Bl. d. i. V. 1894 S. 28).

5. Festnahme.[1])

Wird Jemand auf frischer That[2]) betroffen oder verfolgt, so ist, wenn er der Flucht verdächtig ist oder seine Persönlichkeit nicht sofort festgestellt werden kann, Jedermann befugt, ihn vorläufig festzunehmen.[3])

Die Polizei- und Sicherheitsbeamten sind auch dann zur vorläufigen Festnahme befugt, wenn Gefahr im Verzuge obwaltet[4]) und folgende Voraussetznngen vorliegen:

a) Dringende Verdachtsgründe gegen den Beschuldigten und

---

[1]) In Kraft bleiben bezüglich der Voraussetzungen für eine Festnahme oder Verhaftung folgende besondere Vorschriften: a) Die Vorschriften bezüglich der Verhaftung von Mitgliedern des Reichstages und Landtages (Artikel 31 der Reichsverfassung und Artikel 84 der Preußischen Verfassungsurkunde) sowie von Mitgliedern deutscher landesherrlichen Familien (Einf.Gesetz zur Strafprozeßordnung § 4, Preußische Kriminalordnung von 1805 § 251); b) bezüglich der auf Schiffen begangenen strafbaren Handlungen § 103 der Seemannsordnung vom 27. Dezember 1872 (RGBl. S. 409); c) die das Verfahren bei Zoll- und Steuerdelikten betreffenden Vorschriften (Einf.Ges. z. St.P.O. § 6 Nr. 3).

[2]) Ueber den Begriff „auf frischer That“ siehe oben Anmerkung 13 auf Seite 45. — Ob die bezügliche Strafthat ein Verbrechen, ein Vergehen oder eine Uebertretung ist, hat hier keine Bedeutung.

[3]) Strafprozeßordnung § 127.

[4]) Dies ist der Fall, wenn die Besorgniß begründet ist, daß der Beschuldigte bei Verzögerung seiner Festnahme entweder die Flucht ergreifen oder einen der oben unter b) bezeichneten Verdunkelungsversuche vornehmen wird.

b) entweder Fluchtverdacht oder Thatsachen, aus denen zu schließen ist, daß der Beschuldigte Spuren der That vernichten, oder daß er Zeugen oder Mitschuldige zu einer falschen Aussage oder Zeugen dazu verleiten werde, sich der Zeugnißpflicht zu entziehen.

Der Verdacht der Flucht bedarf keiner weiteren Begründung in folgenden Fällen.[5])

1) wenn ein Verbrechen[6]) den Gegenstand der Untersuchung bildet,
2) wenn der Beschuldigte ein Heimathloser oder Landstreicher oder nicht im Stande ist, sich über seine Person auszuweisen,
3) wenn der Beschuldigte ein Ausländer ist und begründeter Zweifel besteht, daß er sich auf Ladung vor Gericht stellen und dem Urtheile Folge leisten werde.

Ist die That nur[7]) mit Haft oder mit Geldstrafe bedroht, so darf die Festnahme nur erfolgen, wenn außer dringenden Verdachtsgründen und Fluchtverdacht noch einer der folgenden Fälle vorliegt:[8])

---

[5]) Strafprozeßordnung § 112.

[6]) Strafgesetzbuch § 1; siehe oben Anmerkung 12 auf Seite 30.

[7]) Es kommt hier nur auf die Hauptstrafe an, aber weder darauf, ob noch Nebenstrafen (z. B. Einziehung) angedroht sind oder ob an Stelle der in erster Linie angedrohten Geldstrafe im Unvermögensfalle Gefängnißstrafe zu treten hat.

[8]) Strafprozeßordnung § 113.

a) daß der Beschuldigte zu den vorhin unter 2 und 3 bezeichneten Personen gehört,
b) daß er unter Polizeiaufsicht steht,[9])
c) daß es sich um eine Übertretung handelt, wegen deren die Ueberweisung an die Landespolizeibehörde erkannt werden kann.[10]) (Betteln im wiederholten Rückfalle, Landstreicherei, gewerbsmäßige Unzucht u. s. w.)

Wird ein Flüchtiger verfolgt, so sind die Sicherheitsbeamten, zu denen auch die Forstschutzbeamten[11]) und die Gendarmen gehören, befugt, seine Verfolgung auf das Gebiet eines anderen deutschen Bundesstaats fortzusetzen und ihn dort zu ergreifen. Sie müssen den Ergriffenen jedoch unverzüglich an das nächste Gericht oder die nächste Polizeibehörde des Bundesstaats abführen, in welchem er ergriffen wurde.[12])

Bei strafbaren Handlungen, deren Verfolgung nur auf Antrag eintritt, ist die vorläufige Festnahme von der Stellung eines solchen Antrages nicht abhängig.[13])

Erfolgt eine Festnahme, so gehen hiermit auch alle Gegenstände, die der Festgenommene bei sich führt, in den Gewahrsam des festnehmenden Beamten über. Es

[9]) Strafgesetzbuch §§ 38, 39.

[10]) Strafgesetzbuch § 361 Nr. 3 bis 8.

[11]) Urtheil des Reichsgerichts vom 9. Dezember 1886 (Rechtspr. VII, 736).

[12]) Gerichtsverfassungsgesetz vom 27. Januar 1877 (RGBl S. 41) § 168.

[13]) Strafprozeßordnung § 127. Siehe auch oben Seite 26 u. 27.

bedarf daher dann einer förmlichen Beschlagnahme dieser Gegenstände nicht. Ihre Wegnahme ist vielmehr auch dann zulässig, wenn der Festgenommene sich ihr nicht freiwillig unterwirft oder der Gegenstände sich zu entäußern versucht.[14])

Der Festgenommene ist unverzüglich, sofern er nicht wieder in Freiheit gesetzt wird, dem Amtsrichter des Bezirkes, in welchem die Festnahme erfolgt ist, vorzuführen.[15]) Es wird sich empfehlen, gleichzeitig der Staatsanwaltschaft von der erfolgten Festnahme Anzeige zu machen. Ist gegen den Festgenommenen bereits die öffentliche Klage (Anklage oder Antrag auf gerichtliche Voruntersuchung Seitens der Staatsanwaltschaft) erhoben, so ist er dem zuständigen Gerichte oder Untersuchungsrichter vorzuführen.[16])

Die Vorführung des Festgenommenen vor den Amtsrichter braucht jedoch nicht stets eine unmittelbare zu sein. Privatpersonen werden die von ihnen festgenommenen Beschuldigten an Polizeibeamte zur Weiterbeförderung abliefern dürfen. Die Organe des Polizei- und Sicherheitsdienstes haben die von ihnen vorläufig festgenommenen Personen zunächst der Polizeibehörde des Aufgreifungsortes zuzuführen welcher dann obliegt, die Vorführung des Festgenomme-

[14]) Urtheil des Reichsgerichts vom 20. März 1883 (Entsch. VIII 288, Rechtspr. V 194).

[15]) Strafprozeßordnung § 128.

[16]) Strafprozeßordnung § 129.

nen vor den Amtsrichter, sofern er nicht wieder in Freiheit gesetzt wird, in thunlichst beschleunigter Weise ihrerseits zu veranlassen. Die Vorführung des Festgenommenen vor den Amtsrichter kann auch in der Weise erfolgen, daß der Festgenommene durch Mittheilung der Akten der Gerichtsbehörde zur Verfügung gestellt wird. Für diejenigen Fälle, in welchen Amtsgericht und Staatsanwaltschaft ihren Sitz an dem gleichen Orte haben, darf von dem Präsidenten des Landgerichts, der Staatsanwaltschaft und der Polizeibehörde vereinbart werden, daß die Vorführung vor den Amtsrichter durch Vermittelung der Staatsanwaltschaft geschieht. Ist eine derartige Vereinbarung getroffen worden, so steht der Polizeibehörde nicht die Befugniß zu, den Festgenommen dem Amtsrichter unmittelbar vorzuführen, es sei denn, daß der Festgenommene selbst dies ausdrücklich verlangt.[17])

Die Gendarmen sind ermächtigt, in Fällen, in welchen der Sitz des Amtsgerichts dem Orte der Festnahme näher liegt, als der Sitz der Polizeibehörde des Aufgreifungsortes, die Vorführung an erstgedachter Stelle unmittelbar zu bewirken.[18])

Zum Erlaß von Steckbriefen[19]) sind die Polizei-

[17]) Erlasse des Ministers des Innern vom 11. Juli 1881 (Minist. Bl. S. 183) und vom 3. Dezember 1889 (Minist.Bl. S. 220).

[18]) Erlaß des Ministers des Innern vom 7. August 1880 (Minist.Bl. S. 239).

[19]) Die Polizeibehörden sind jedoch berechtigt, schriftliche oder telegraphische Ersuchen um die Ergreifung einer noch nicht fest-

behörden nur befugt, wenn ein Festgenommener aus dem Gefängnisse entweicht oder sonst sich der Bewachung entzieht. Der Steckbrief soll, soweit dies möglich, eine Beschreibung des Festzunehmenden enthalten und die ihm zur Last gelegte strafbare Handlung sowie das Gefängniß bezeichnen, in welches die Ablieferung zu erfolgen hat.[20])

Förmliche Haftbefehle können nur von dem Richter,[21]) Steckbriefe auf Grund eines Haftbefehles auch von der Staatsanwaltschaft erlassen werden.[22])

Ist Jemand auf Grund eines Haftbefehles oder eines Steckbriefes ergriffen worden, und kann er nicht spätestens am Tage nach der Ergreifung vor den zuständigen Richter gestellt werden, so ist er auf Verlangen sofort dem nächsten Amtsrichter vorzuführen.[23])

Verschieden von der Befugniß der Polizei zur vorläufigen Festnahme ist deren Befugniß, Personen zu

---

genommenen, flüchtig gewordenen Person an einzelne andere Behörden zu richten, sofern sie zur vorläufigen Festnahme jener Person befugt sind.

[20]) Strafprozeßordnung § 131.

[21]) Strafprozeßordnung § 114.

[22]) Strafprozeßordnung § 131.

[23]) Strafprozeßordnung § 132. — Die von Beamten des Polizei- oder Sicherheitsdienstes in die Gefängnisse der Justizverwaltung eingelieferten Personen können in diese ohne schriftlichen Annahmebefehl des Richters oder der Staatsanwaltschaft aufgenommen werden, sofern nicht ihr Zustand (Trunkenheit, Unreinlichkeit, Krank-

ihrem eigenen Schutze oder zur Aufrechterhaltung der Ordnung u. s. w. in Verwahrung zu nehmen. Es ist dieser Befugniß bereits im ersten Abschnitt Erwähnung gethan.[24])

---

heit u. s. w.) dem entgegensteht. (Reglement für die Gefängnisse der Justizverwaltung vom 16. März 1881 § 26.) — Die Polizeibehörden sind jedoch verpflichtet, die von ihnen in das Gerichtsgefängniß abzuliefernden Personen nöthigenfalls vorher auf Kosten der Polizeiverwaltung reinigen zu lassen (Erlaß des Minister des Innern vom 13. September 1883, Minist.Bl. S. 222). Die Reinigung kann auf Grund einer Vereinbarung von den Gefangenwärtern übernommen werden (Erlaß des Ministers des Innern vom 9. Juli 1884, des Justizministers vom 19. Juni 1884, Minist.Bl. der Verw. des Innern S. 209).

[24]) Siehe oben S. 9.

III.

Polizeiliche Strafverfügung bei Uebertretungen.

Befugt zum Erlaß polizeilicher Strafverfügungen ist diejenige Person oder Behörde, welche die Polizeiverwaltung auszuüben hat [1]. Diese Befugniß erstreckt sich nur auf Uebertretungen [2]) und auf diese auch nur dann, wenn sie in örtlicher Hinsicht im Bezirke der betreffenden Polizeiverwaltung verübt worden sind und in sachlicher Hinsicht in ihren Verwaltungsbereich [3]) fallen. Die Strafverfügung kann auch gegen Personen im Alter von 12 bis 18 Jahren erlassen werden. Durch sie kann Geldstrafe bis zu 30 Mark und Haft bis zu 3 Tagen, letztere Strafe entweder an Stelle der Geldstrafe für den Fall des Unvermögens oder für sich

[1]) Gesetz, betreffend den Erlaß polizeilicher Strafverfügungen wegen Uebertretungen, vom 23. April 1883 (G.S. S. 65). Strafprozeßordnung §§ 453—455.

[2]) Begriff der „Uebertretung" siehe Seite 30 Anmerkung 12.

[3]) Der Amtsvorsteher verwaltet insbesondere die Sicherheits-, Ordnungs-, Sitten-, Gesundheits-, Gesinde-, Armen-, Wege-, Wasser-, Feld-, Forst-, Fischerei-, Gewerbe-, Bau-, Feuerpolizei u. s. w., soweit sie nicht durch besondere Gesetze dem Landrath oder anderen Personen übertragen ist. Unter der Wasserpolizei ist jedoch die Strom-, Schiffahrts- und Hafenpolizei nicht begriffen.

allein, festgesetzt werden. Neben der Straffestsetzung kann eine etwa verwirkte Einziehung[4]) verhängt werden. Ausgeschlossen sind von dem Erlaß polizeilicher Strafverfügungen die Uebertretungen, für deren Aburtheilung die Rheinschiffahrtsgerichte, die Elbzollgerichte oder die Gewerbegerichte zuständig sind, die Uebertretungen der Vorschriften über die Erhebung öffentlicher Abgaben oder Gefälle, sowie die Uebertretungen bergpolizeilicher Vorschriften.

Der Beschuldigte und, falls er 12 bis 18 Jahre alt ist, auch sein gesetzlicher Vertreter können gegen die Strafverfügung binnen einer Woche[5]) nach der Bekanntmachung auf gerichtliche Entscheidung antragen.

Die Strafverfügung muß enthalten:

1) die strafbare Handlung, ihre Zeit und ihren Ort,
2) die angewendete Strafvorschrift,
3) die Beweismittel für die strafbare Handlung,

---

[4]) Eine Einziehung darf durch die Strafverfügung nur festgesetzt werden, wenn sie in dem Strafgesetze als Nebenstrafe der Uebertretung angedroht ist, wie z. B. in §§ 360, 367, 369 des Strafgesetzbuchs, §§ 15, 17 des Forstdiebstahlsgesetzes vom 15. April 1878, §§ 23, 33, 36, 40 und 43 des Feld- und Forstpolizeigesetzes vom 1. April 1880.

[5]) Diese Frist endigt mit Ablauf desjenigen Tages, welcher durch seine Benennung (Mittwoch, Donnerstag u. s. w.) dem Tage entspricht, an welchem die Strafverfügung behändigt ist. Fällt aber das Ende der Frist hiernach auf einen Sonntag oder allgemeinen Feiertag, so endigt die Frist mit Ablauf des nächstfolgenden Werktages (Strafprozeßordnung § 43).

4) die Festsetzung der Strafe,
5) die Kasse, an welche die Geldstrafe zu zahlen ist,
6) die Eröffnung:
a) daß der Beschuldigte binnen einer Woche nach der Bekanntmachung auf gerichtliche Entscheidung antragen könne;
b) daß der Antrag entweder bei der Polizeibehörde welche die Strafverfügung erlassen hat, oder bei dem zuständigen Amtsgericht anzubringen sei,
c) daß die Strafverfügung, falls innerhalb der bestimmten Frist ein Antrag auf gerichtliche Entscheidung nicht erfolge, vollstreckbar werde.

Die Strafverfügung ist dem Beschuldigten durch einen öffentlichen Beamten zu behändigen. Ist der Amtsanwalt vor der Behändigung wegen derselben Handlung gegen den Beschuldigten eingeschritten, so ist die Strafverfügung wirkungslos. Wird von dem Beschuldigten der Antrag auf gerichtliche Entscheidung gestellt, so kann die Polizeibehörde die Strafverfügung zurücknehmen*). Thut sie dieses nicht, so übersendet sie die Akten dem zuständigen Amtsanwalt. Ist ein Antrag auf gerichtliche Entscheidung rechtzeitig nicht gestellt, so hat die Polizeibehörde die festgesetzte Strafe zu vollstrecken. Für das Verfahren der Polizeibehörde werden weder Stempel noch Gebühren, sondern nur die baaren Auslagen erhoben. Die eingezogenen Geldstrafen und

*) Ueber die Umstände, unter denen die Zurücknahme stattfinden kann oder soll, siehe unten Seite 76, 77.

Gegenstände fallen demjenigen zu, welcher die Kosten der Polizeiverwaltung zu tragen hat, insoweit nicht besondere Vorschriften etwas anderes bestimmen [7]). Die von dem Beschuldigten nicht beizutreibenden Kosten der Festsetzung und Vollstreckung der Strafen fallen der Polizeiverwaltung zur Last.

Gegen aktive Militärpersonen ist eine polizeiliche Strafverfügung nur wegen solcher Uebertretungen zulässig, die im Gesetze lediglich mit Geldstrafe oder Einziehung bedroht sind. Eine Festsetzung von Haft findet im Falle des Unvermögens gegen sie Seitens der Polizeibehörde nicht statt.

Die näheren Bestimmungen über das Verfahren der Polizeibehörde bei Erlaß von polizeilichen Strafverfügungen [8]) sind in der nachstehenden Anweisung des Ministers des Innern und des Justizministers (Minist.-Bl. für die Verw. des Innern für 1883 S. 152, Justiz-Minist.-Bl. S. 223) enthalten.

---

[7]) Siehe unten Seite 77, 78.

[8]) Die polizeilichen Strafverfügungen sind nicht zu verwechseln mit den Straffestsetzungen, welche von den Verwaltungsbehörden in Ausübung ihrer Zwangsbefugnisse zur Durchsetzung ihrer Anordnungen auf Grund des § 132 des Gesetzes über die allgemeine Landesverwaltung vom 30. Juli 1883 bewirkt werden können. Diese Straffestsetzungen erfolgen nicht wegen einer in allgemeinen Strafbestimmungen mit Strafe bedrohten Handlung, sondern zur Erzwingung einer bestimmten Handlung oder Unterlassung und müssen der betreffenden Person vorher schriftlich angedroht worden sein.

Anweisung

vom 8. Juni 1883 zur Ausführung des Gesetzes vom 23. April 1883, betreffend den Erlaß polizeilicher Strafverfügungen wegen Uebertretungen.

§ 1. Die Befugniß zum Erlasse der polizeilichen Strafverfügung steht derjenigen Person oder derjenigen Behörde, welche die Polizei-Verwaltung in einem bestimmten Bezirke auszuüben hat, wegen der in diesem Bezirke innerhalb ihres Verwaltungsbereichs begangenen Uebertretungen zu.

Ist gesetzlich die Verwaltung der Polizei für einzelne Gegenstände, wie die der Hafen-, Strom- und Schifffahrtspolizei [9]), die Deich- [10]), Eisenbahn- [11]) und Chaussee-

---

[9]) Die Hafen-, Strom- und Schiffahrtspolizei wird von dem Handelsminister, dem Ober- und Regierungspräsidenten ausgeübt, als deren Organe einige besondere Schiffahrts- und Hafenbehörden thätig sind (Landesverwaltungsgesetz §§ 136, 145; Zuständigkeitsgesetz § 95). Es bestehen solche besonderen Behörden in Memel, Königsberg, Stettin, Swinemünde, Emden, Geestemünde, Harburg, Leer, Köln und Danzig (Königl. Polizeidirektion). Auch kann die bezügliche Polizeiverwaltung an Wasserbauinspektoren übertragen werden (Minist.-Erlaß vom 12. März 1884, Minist.-Bl. d. i. V. S. 208).

[10]) Für deichpolizeiliche Uebertretungen steht das Recht der Straffestsetzung dem Deichhauptmann zu (§ 34 des Erlasses vom 14. November 1853, G. S. S. 935).

[11]) Die Eisenbahnpolizei wird von den Beamten der Eisenbahnverwaltung ausgeübt (§ 23 des Eisenbahngesetzes vom 3. November 1838, G. S. S. 505).

polizei[12]), nicht der Polizeibehörde des Orts, sondern einer besonderen Behörde übertragen, so gebührt nur dieser die Befugniß zur polizeilichen Strafverfügung wegen der innerhalb ihres Bezirks begangenen Uebertretungen derjenigen Strafvorschriften, welche die ihr übertragene besondere Polizei-Verwaltung betreffen.

Ausgeschlossen von der polizeilichen Strafverfügung sind die im §. 2. des Gesetzes angeführten Uebertretungen, für deren Aburtheilung die Rheinschiffahrtsgerichte (Ges. vom 8. März 1879, G. S. S. 129) oder die Elbzollgerichte (Ges. vom 9. März 1879, G. S. S. 132) zuständig sind, sowie diejenigen, für deren Aburtheilung Gewerbegerichte als besondere Gerichte, gemäß §. 14. Nr. 4 des Gerichtsverfassungsgesetzes vom 27. Januar 1877 zuständig sind. (Verordg. der Gewerbegerichte in der Rheinprovinz betreffend, vom 7. August 1846 Ges. S. S. 403), endlich die der bergpolizeilichen Vorschriften, welche durch §. 209 des Allgemeinen Berggesetzes für die Preußischen Staaten vom 24. Juli 1865 (G. S. S. 705) von dem administrativen Strafverfahren ausgeschlossen sind.

Der Erlaß einer polizeilichen Strafverfügung findet ferner nicht statt bei Zuwiderhandlungen gegen das Forstdiebstahlsgesetz vom 15. April 1878 (Ges. S.

---

[12]) Die Chausseepolizei wird vom Landrath verwaltet (§§ 10 und 21 des Regulativs vom 7. Juni 1844, G. S. S. 167; Minist.-Erlasse vom 13. Dezember 1859; Minist.-Bl. d. i. V. S. 336 und vom 17. Juni 1874, M.-Bl. S. 161).

S. 221), da die in diesem angedrohte Freiheitsstrafe, auch wenn sie nur an die Stelle einer Geldstrafe tritt, nicht in Haft, sondern in Gefängniß besteht.

Was nachstehend für Polizeiverwalter bestimmt ist, findet da, wo die Polizei nicht von einzelnen Personen, sondern von Behörden verwaltet wird, in gleicher Weise auf die letzteren Anwendung.

§ 2. Wenn auch der §. 1. des Gesetzes dem Polizeiverwalter nicht die Verpflichtung auferlegt, sondern nur die Befugniß verleiht, polizeiliche Strafverfügungen wegen Uebertretungen zu erlassen, so hat doch der Polizeiverwalter zur Wahrung der polizeilichen Interessen in allen dazu geeigneten Fällen von der gedachten Befugniß Gebrauch zu machen, da sonst die Absicht des Gesetzes vereitelt werden würde. Derselbe hat daher in jedem einzelnen, zu seiner Kenntniß gelangenden Falle einer in seinem Verwaltungsbereiche begangenen Uebertretung zu prüfen, ob er selbst eine polizeiliche Strafverfügung zu erlassen oder die Sache an den Amtsanwalt zur gerichtlichen Verfolgung abzugeben hat [13]).

---

[13]) Hinsichtlich der nach dem Feld- und Forstpolizeigesetz vom 1. April 1880 zu bestrafenden Uebertretungen ist von dem Landwirthschaftsminister empfohlen worden, die Straffälle soviel als möglich im Wege polizeilicher Strafverfügung zu erledigen. Um dies zu erreichen, sollen die Feld- und Forsthüter sowie die sonstigen Sicherheitsbeamten (Gendarmen, Polizeidiener u. s. w.) angewiesen werden, ihre bezüglichen Anzeigen nicht dem Amtsanwalt, sondern der Ortspolizeibehörde zu machen. Diese hat sodann in der Regel

Des Erlasses einer polizeilichen Strafverfügung hat der Polizeiverwalter sich zu enthalten, wenn er die Anwendung eines seine Kompetenz übersteigenden Strafmaßes für angezeigt erachtet (alinea 3. §. 1. des Gesetzes), oder wenn er in Erfahrung bringt, daß der Amtsanwalt bereits Schritte zur gerichtlichen Verfolgung einer Uebertretung gethan hat. Dasselbe gilt von allen denjenigen Fällen, in welchen der Polizeiverwalter ein persönliches Interesse an dem Ausgange der Sache hat.

Berechtigt ist der Polizeiverwalter, von dem Erlasse einer polizeilichen Strafverfügung abzusehen und die Verfolgung dem Amtsanwalt zu überlassen, wenn er es wegen der Zweifelhaftigkeit des Falles in Betreff der Feststellung des Thatbestandes oder der Auslegung der Strafvorschrift, oder aus einem sonstigen besonderen Grunde im Einzelfalle für angemessen erachtet.

§. 3. In den hiernach nicht ausgenommenen Fällen hat sich der Polizeiverwalter, wenn er von einer in seinem Amtsbereiche vorgefallenen Uebertretung Kenntniß erhält, zunächst davon, zu welcher Zeit, wie und von wem sie verübt ist, Ueberzeugung zu verschaffen.

---

die Strafverfügung zu erlassen und nur ausnahmsweise, z. B. wenn sie eine ihre Zuständigkeit übersteigende Strafe für angemessen hält, eine umfassende Ermittelung des Thatbestandes etwa durch Vernehmung von Zeugen oder sonst erforderlich ist, die Akten an den Amtsanwalt zur weiteren Veranlassung abzugeben (Runderlaß des Landwirthschaftsministers vom 12. Mai 1880, Min.-Bl. d. i. V. S. 187).

§. 4. Hat er die Uebertretung selbst wahrgenommen, oder die Ueberzeugung davon durch amtliche, auf eigener Wahrnehmung des Anzeigenden beruhende, oder durch Angaben glaubwürdiger Zeugen unterstützte Anzeigen oder Protokolle eines Beamten erlangt, so bedarf es weiterer Nachforschung nicht, sofern nur daraus die zur Strafverfügung erforderlichen Umstände (§. 10.) hervorgehen.

§. 5. Ebenso wird es, falls er anderweitig von einer Uebertretung Kenntniß erhält, in der Regel genügen, wenn er die Uebertretung auf glaubhafte Weise in Erfahrung gebracht hat und mindestens eine glaubwürdige Person sie bezeugen kann.

§. 6. Erachtet der Polizeiverwalter, um die erforderliche Ueberzeugung von der Uebertretung oder von den Mitteln zu ihrem Beweise zu gewinnen, dennoch Ermittelungen für nöthig, so hat er diese auf die kürzeste, dabei aber hinreichend zuverlässige Art zu veranlassen. Er ist hierbei an keine Förmlichkeit, auch nicht an ein protokollarisches Verfahren gebunden.

Zur eidlichen Vernehmung von Zeugen ist er nicht berechtigt. Zeugenvernehmungen, durch welche Kosten erwachsen, sind zu unterlassen.

§. 7. Ueber die polizeilichen Strafverfügungen wegen Uebertretungen ist eine Strafliste nach dem beiliegenden Formular I. — Anl. a. — mit für jedes Kalenderjahr fortlaufenden Nummern zu führen und behufs der Strafverfügung von dem beiliegenden Formular II.

— Anl. b. — als Aktenbogen für jede einzelne Sache. sowie Behufs der Ausfertigung der Strafverfügung in Fällen, wo nur Haft festgesetzt wird, von dem beiliegenden Formular III. — Anl. c. — sowie in den Fällen, wo eine Geldstrafe und die an deren Stelle tretende Haft festgesetzt wird, von dem beiliegenden Formular IV. — Anl. d. — Gebrauch zu machen.

§. 8. Findet der Polizeiverwalter den zu seiner Kenntniß gelangten Fall einer Uebertretung zu einer polizeilichen Strafverfügung geeignet, so trägt er diese in die Strafliste ein, fertigt die Strafverfügung nach dem Formular III. oder IV. aus und füllt die Nr. 2. und 3. des Aktenbogens (i. e. Formular II.) in entsprechender Weise aus.

Die polizeiliche Strafverfügung gegen Beschuldigte im Alter von 12 bis 18 Jahren (§. 1. alinea 1. des Gesetzes) ist gegen den Beschuldigten selbst, und nicht gegen den gesetzlichen Vertreter desselben zu richten, welcher letztere indeß nach §. 3 des Gesetzes ebenfalls innerhalb der für den Beschuldigten laufenden Frist zum Antrage auf gerichtliche Entscheidung befugt ist.

§. 9. Die polizeiliche Verfügung muß die im §. 4. des Gesetzes bezeichneten Angaben vollständig enthalten.

Ist die Uebertretung mit Geldstrafe oder Haft bedroht, so hat der Polizeiverwalter nach den bei der Uebertretung obwaltenden Umständen und mit Rücksicht auf die Person des Beschuldigten, z. B. auf seine Vorstrafungen, zu ermessen, ob Geldstrafe oder sogleich Haft festzusetzen sei.

Wird eine Geldstrafe festgesetzt, so darf sie nicht weniger als eine Mark betragen, sofern die zur Anwendung kommende Strafvorschrift nicht ausdrücklich eine geringere Strafe zuläßt. Die für den Fall des Unvermögens des Beschuldigten statt der Geldstrafe stets sogleich festzusetzende Haft aber ist so zu bestimmen, daß nach dem Ermessen des Polizeiverwalters der Betrag von Einer bis fünfzehn Mark einer eintägigen Freiheitsstrafe gleich zu achten ist. §. 27. 28. des Strafgesetzbuchs.

§. 10. 1) Die ausgefertigte Strafverfügung ist dem Beschuldigten durch einen vereideten öffentlichen Beamten zuzustellen. Der Beamte hat die Verfügung dem Beschuldigten in Person, wenn dieser aber in der Wohnung nicht angetroffen wird, einem zu der Familie gehörenden erwachsenen Hausgenossen, oder einer in der Familie dienenden erwachsenen Person, falls solche Personen in der Wohnung des Beschuldigten angetroffen werden, anderenfalls dem in demselben Hause wohnenden Hauswirth oder Vermiether, vorausgesetzt, daß diese zur Annahme bereit sind, zu übergeben.

Für Gewerbetreibende, welche ein besonderes Geschäftslokal haben, kann, wenn sie dort nicht angetroffen werden, die Zustellung an einen darin anwesenden Gewerbegehülfen erfolgen.

Wird die Annahme in einem Fall, in welchem dies nach vorstehenden Bestimmungen nicht ausdrücklich zugelassen ist, verweigert, so ist die Ausfertigung der Strafverfügung am Orte der Zustellung zurückzulassen.

2) Ist die Zustellung nach diesen Bestimmungen nicht ausführbar, so kann sie dadurch erfolgen, daß die Ausfertigung der Strafverfügung bei der Ortsbehörde (Gemeinde- oder Polizeibehörde) oder bei dem Postamte des Zustellungsorts niedergelegt und die Niederlegung sowohl durch eine an der Thür der Wohnung zu befestigende schriftliche Anzeige, als auch, soweit thunlich, durch mündliche Mittheilung an zwei in der Nachbarschaft wohnende Personen bekannt gemacht wird.

3) Der zustellende Beamte hat auf der Ausfertigung der Strafverfügung unter Beifügung seines Namens den Tag der Zustellung, z. B. „zugestellt am 20. Oktober 1883 Müller, Amtsbote", zu vermerken und auf dem ihm mit der Ausfertigung zu übergebenden Aktenbogen unter Nr. 4 über die Zustellung unter Angabe des Tages derselben zu berichten.

4) Die Zustellung kann auch durch die Post erfolgen. In diesem Falle kommen die §§. 15 und 16 der Allerhöchsten Verordnung vom 7. September 1879 (Ges. S. S. 591) zur Anwendung. Die Postgebühren hat die Polizeibehörde zu entrichten, vorbehaltlich der etwaigen Entziehung derselben von dem Beschuldigten im Falle des §. 20. dieser Anweisung.

5) Die Zustellung für einen Unteroffizier oder einen Gemeinen des aktiven Heeres oder der aktiven Marine erfolgt an den Chef der zunächst vorgesetzten Kommandobehörde (Chef der Compagnie, Eskadron, Batterie).

§. 11. Gegen die polizeiliche Strafverfügung findet nur der Antrag auf gerichtliche Entscheidung statt. Der Weg der Beschwerde bei der vorgesetzten Behörde ist ausgeschlossen.

Stellt der Beschuldigte bis zum Ablauf einer Woche nach dem Tage der Zustellung der Strafverfügung, diesen nicht miteingerechnet, bei dem Polizeiverwalter, welcher die letztere erlassen hat, mündlich den Antrag auf gerichtliche Entscheidung, so ist darüber eine Verhandlung aufzunehmen und diese nebst dem Aktenbogen und den etwa zur Sache sonst vorhandenen Schriftstücken, welche zu dem Aktenbogen zu sammeln und ebenfalls mit der Nummer der Strafliste zu versehen sind, ohne daß es einer weiteren Beischrift bedarf, an den Amtsanwalt abzusenden, die Absendung aber in der Strafliste zu verzeichnen.

In gleicher Weise ist die Sache an den Amtsanwalt abzugeben, wenn der Antrag auf gerichtliche Entscheidung schriftlich bei dem Polizeiverwalter eingereicht wird, oder wenn er bei dem Amtsgericht angebracht worden ist.

§. 12. Gegen die Versäumung der Antragsfrist gestattet der §. 454 der Strafprozeßordnung unter den in den §§. 44, 45 bezeichneten Voraussetzungen Wiedereinsetzung in den vorigen Stand. Hiernach kann

1) die Wiedereinsetznng in den vorigen Stand beantragt werden, wenn der Antragsteller durch Naturereignisse oder andere unabwendbare Zufälle an der Einhaltung der Frist verhindert worden ist. Als unabwendbarer Zufall ist es insbesondere anzusehen, wenn der Antragsteller von der Zustellung der Strafverfügung ohne sein Verschulden keine Kenntniß erlangt hat.

2) Das Gesuch um Wiedereinsetzung in den vorigen Stand muß binnen einer Woche nach Beseitigung des Hindernisses unter Angabe und Glaubhaftmachung der Versäumnißgründe (§. 45.) bei der Polizeibehörde oder bei dem Amtsgerichte angebracht werden. (§. 455.)

3) Ueber das Gesuch entscheidet der Amtsrichter. Die dem Gesuche stattgebende Entscheidung unterliegt keiner Anfechtung; gegen die das Gesuch verwersende Entscheidung findet sofortige Beschwerde bei dem Landgerichte statt (§. 455 Abs 2. uud 3. — §. 72. des Gerichtsverfassungs-Gesetzes vom 27. Januar 1877).

§. 13. Hat der Beschuldigte gegen die polizeiliche Strafverfügung den Antrag auf gerichtliche Entscheidung angebracht, so hat nach §. 454. der Strafprozeßordnung der Polizeiverwalter die Befugniß, anstatt der Uebersendung der Verhandlungen (§. 11. dieser Anweisung) an den Amtsanwalt, die Strafverfügung zurückzunehmen. Von dieser Befugniß ist in denjenigen Fällen Gebrauch zu machen, in welchen die polizeiliche Strafverfügung auf einem Irrthume beruht.[14])

§. 14. Ist innerhalb der Frist einer Woche ein Antrag auf gerichtliche Entscheidung bei der Polizeibehörde nicht gestellt, auch dieser Behörde eine Bescheinigung

[14]) Die Polizeibehörden sind zur Zurücknahme der Strafverfügung auch dann berechtigt, wenn ein Antrag auf gerichtliche Entscheidung nicht gestellt worden, die Frist für Stellung dieses Antrages aber noch nicht abgelaufen ist. Ebenso können sie unter der gleichen Voraussetzung eine Strafmilderung in der Weise eintreten lassen, daß sie die Strafverfügung zurücknehmen und eine neue mit Festsetzung einer geringeren Strafe erlassen. Diese Befugnisse sind jedoch auf die Fälle beschränkt, in denen die Polizeibehörde, sei es in Folge eines Antrages auf gerichtliche Entscheidung, sei es durch eine Vorstellung des Angeschuldigten oder auf anderem Wege zu der Ueberzeugung gelangt, daß sie bei dem Erlasse der Verfügung oder bei der Bemessung der Strafe von irrthümlichen thatsächlichen oder rechtlichen Voraussetzungen ausgegangen war, oder, soweit es sich um die Herabminderung handelt, Umstände nicht berücksichtigt hatte, welche die Uebertretung in einem milderen Lichte erscheinen lassen. Diese Befugniß darf aber, auch wenn ein Antrag auf gerichtliche Entscheidung rechtzeitig gestellt war, nur innerhalb der für die Strafverfolgung von Uebertretungen angesehene Verjährungsfrist von drei Monaten ausgeübt werden. Sie erlischt endlich auch mit der Uebersendung der Akten an den Amtsanwalt. Ist die polizeiliche Strafverfügung bereits rechtskräftig geworden, so darf eine festgesetzte Geldstrafe von der Polizeibehörde nicht niedergeschlagen werden. Hierzu ist ein Allerhöchster Gnadenakt erforderlich (Runderlasse des Ministers des Innern vom 5. September 1892, Min.-Bl. S. 345, und vom 25. März 1895, Min.-Bl. S. 141, des Minister des Innern, des Justizministers und des Handelsministers vom 7. Januar 1893, Min.-Bl. d. i. V. S. 26).

des Amtsgerichts über die erfolgte Einlegung der Berufung nicht vorgelegt worden, so ist die Strafverfügung zu vollstrecken.

§. 15. War eine Geldstrafe festgesetzt, so ist der Aktenbogen unter Beifügung der zur Sache sonst noch gehörigen Schriftstücke ohne weitere Beischrift derjenigen Kasse zu übersenden, zu welcher nach der hierüber ergehenden besonderen Bestimmung die Geldstrafen einzuziehen sind,[15]) und die Absendung in der Strafliste zu vermerken.

---

[15] u. [16]) Die Geldstrafen und die eingezogenen Gegenstände fallen in der Regel der Gemeinde zu, die die Kosten der Polizeiverwaltung zu tragen hat (§ 7 des Gesetzes vom 23. April 1883 und Gesetz vom 26. März 1856 (G.S. S. 225). — Die von den Amtsvorstehern festgesetzten Geldstrafen und Konfiskate fließen zur Amtskasse (Kreisordnung d. östl. Prov. § 73, für Schleswig-Holstein § 65). — Die Schulversäumnißstrafen fließen in manchen Bezirken nach besonderer Vorschrift der bezüglichen Schulgesetzgebung in die Schulkassen. — Geldstrafen, die auf Grund des Gesetzes vom 24. April 1854, betreffend die Verletzung der Dienstpflichten des Gesindes (G.S. S. 214), verhängt sind (§ 5), fließen zur Armenkasse. Dasselbe gilt von den nach §§ 12, 31 und 176 der Gesindeordnung vom 8. November 1810 (G.S. S. 102) und nach § 7 des Wildschongesetzes vom 26. Februar 1870 (G.S. S. 120) verhängten Strafen. — Geldstrafen, die auf Grund des Feld- und Forstpolizeigesetzes vom 1. April 1880 (G.S. S. 230) von der Polizeibehörde rechtskräftig festgesetzt worden sind, fließen nach § 96 dieses Gesetzes im Geltungsgebiet der alten Preußischen Feldpolizeiordnung vom 1. November 1847 (§ 47), also in den 7 alten Provinzen und Westfalen, wenn sie wegen Feldpolizeiübertretungen verhängt worden sind, zur Gemeinde-

Ist der Polizeiverwalter zur vorläufigen Empfangnahme der Geldstrafe im Allgemeinen ermächtigt und zahlt der Bestrafte an denselben, so hat er die Geldstrafe nebst dem Aktenbogen an die betreffende Kasse sofort zu übersenden, die Zahlung aber auf der Ausfertigung der Strafverfügung oder auf besonderem Blatte zu bescheinigen.

§. 16. Die zur Annahme der Geldstrafe bestimmte Kasse zieht die Geldstrafe ein. Ist letztere nicht bei-

---

kasse des Orts, auf dessen Feldmark die Uebertretung verübt worden ist; in der Rheinprovinz fließen auf Grund der Allerh. Kabinetsordre vom 27. Dezember 1822 (Düsseldorfer Amtsblatt 1823 S. 81) die Polizeistrafgelder gemäß § 15 des Dotationsgesetzes vom 8. Juli 1875 (G.S. S. 497) zur Provinzialkasse. — Die auf Grund des Personenstandgesetzes vom 6. Februar 1875 festgesetzten Geldstrafen fließen nach § 70 dieses Gesetzes den Gemeinden zu, welche die sächlichen Kosten des Standesamts zu tragen haben (Erlaß des Ministers des Innern vom 30. Juni 1882, Min.-Bl. S. 138). — Das auf Grund des § 7 des Wildschongesetzes vom 26. Februar 1870 eingezogene Wild kann von der Polizeibehörde, wenn es dem Verderben ausgesetzt ist, ungesäumt verkauft oder einer wohlthätigen Anstalt überwiesen werden. Ist die Verurtheilung des Angeschuldigten nicht mit Sicherheit zu erwarten, so soll der Verkauf stattfinden (Min.-Erlaß vom 7. April und 29. September 1870, Min.-Bl. d. i. V. S. 148 und 271). Das von Wilddieben erlegte und ihnen abgenommene Wild hat der Oberförster entweder zur eigenen Verwerthung für die Taxe zu übernehmen oder es an eine in der Nähe befindliche fiskalische oder wohlthätige Anstalt unentgeltlich abzugeben (Min.-Erl. vom 15. Juli 1870, Min.-Bl. d. i. V. S. 243). — Eingezogene gefährliche Gegenstände (z. B. tolle Hunde, Gifte) sind von der Polizei zu vernichten.

zutreiben, so vermerkt die Kasse dies auf dem Aktenbogen und sendet ihn dem, welcher die Strafverfügung erlassen hat, zurück, worauf von diesem nach der Vorschrift des §. 17. die Haft zu vollstrecken ist.

§. 17. Ist keine Geldstrafe, sondern nur Haft festgesetzt, so wird dieselbe von dem, welcher die Srafverfügung erlassen hat, im Polizeigefängniß vollstreckt.

In der Benutzung der Kantongefängnisse in der Rheinprovinz zur Verbüßung von Haftstrafen wegen Uebertretungen ist durch Gesetz vom 23. April d. J. nichts geändert.

Der Vermerk Nr. 5 des Aktenbogens ist auszufüllen, und der Haftbefehl damit gleichlautend, durch Ausfüllung des Formulars V.— Anl. e. — auszufertigen, und diese Ausfertigung dem mit der Vollziehung beauftragten Beamten zu übergeben, welcher den Beschuldigten, falls dieser auf die an ihn ergangene Ladung zum Antritt der Strafen sich nicht gestellt hat, zur gefänglichen Haft zu bringen und den Haftbefehl nach dessen Ausführung zurückzugeben hat, worauf der Vermerk Nr. 6 auf dem Aktenbogen auszufüllen, auch die Vollstreckung in der Strafliste zu vermerken ist.

§. 18. Ist eine Einziehung festgesetzt, und die Verfügung vollstreckbar geworden, so ist der einzuziehende Gegenstand, wo dies noch nicht geschehen sein sollte, in Beschlag zu nehmen und demnächst Demjenigen zu übergeben, welchem dergleichen eingezogene Gegenstände zustehen [10]).

Ist der Polizeiverwalter zweifelhaft darüber, wem das Konfiskat zufällt, so hat er hierüber von der vorgesetzten Behörde weiteren Bescheid einzuholen.

§. 19. Liegt ein gesetzlicher Grund vor, den Beschuldigten vorläufig festzunehmen (Str. Pr. O. §. 125. in Verbindung mit §. 113.), so findet, da der Festgenommene unverzüglich dem Amtsrichter vorgeführt werden muß (§. 128. ebenda), der Erlaß einer polizeilichen Strafverfügung nicht statt.

Besteht jedoch die an erster Stelle festzusetzende Strafe nicht in Haft, sondern in Geldstrafe, so kann der Polizeiverwalter von der Festnahme Abstand nehmen und die Strafverfügung erlassen, falls der Beschuldigte für die Strafe, deren Betrag ihm bekannt zu machen ist, Sicherheit leistet.

Ergiebt sich der Anlaß zur vorläufigen Festnahme erst nach Erlaß und Behändigung der Strafverfügung, jedoch bevor letztere vollstreckbar geworden ist, so kann der Polizeiverwalter von dem Beschuldigten die sofortige Bestellung einer Sicherheit für die Strafe fordern. Wird die Sicherheit nicht bestellt, so kann der Beschuldigte festgenommen werden und ist sodann dem Amtsrichter vorzuführen.

Die Höhe der zu leistenden Sicherheit darf den Betrag der festzusetzenden oder festgesetzten Geldstrafe nicht übersteigen.

§. 20. Als baare Auslagen des Verfahrens (§. 6.

des Gesetzes vom 24. April 1883) dürfen von dem Beschuldigten nur eingezogen werden:

1) Postgebühren,
2) die Kosten der Beitreibung der Geldstrafen nach Maßgabe des Gebührentarifs vom 7. September 1879 (G. S. S. 591),
3) die Haft- und Transportkosten, welche durch Vollstreckung der Haft entstehen.

Die entstandenen Auslagen sind in der Strafliste und auf dem Aktenbogen (Nr. 7.) zu verzeichnen.

§. 21. Sind die in dem Straffestsetzungs-Verfahren entstandenen Auslagen nicht beizutreiben, so fallen sie als Kosten der Orts-Polizeiverwaltung demjenigen zur Last, welcher die letztgedachten Kosten überhaupt zu tragen hat[17]). Ist aber die Strafverfügung von einer anderen Behörde als der Orts-Polizeibehörde erlassen, so sind die nicht beizutreibenden Auslagen als Verwaltungskosten jener Behörde zu tragen.

§. 22. Gegen aktive Militairpersonen, d. h. gegen

[17]) Wenn die wegen Schulversäumniß festgesetzten Geldstrafen zur Schulkasse fließen, so fallen die Kosten der Festsetzung und Vollstreckung dieser Strafen den Schulkassen zur Last. Dagegen sind die Kosten der wegen Schulversäumniß vollstreckten Haftstrafen nicht von den Schulkassen, sondern in den Orten mit Königlicher Polizeiverwaltung von der Staatskasse, in den anderen Orten von den Gemeinden zu tragen (Erlaß des Ministers der geistlichen Angelegenheiten vom 25. Februar 1893, Central-Bl. f. d. U. S. 354, des Ministers des Innern vom 5. März 1895, Min.-Bl. d. i. V. S. 141 und vom 25. Januar 1896, Min.-Bl. d. i. V. S. 21).

alle nicht zum Beurlaubtenstande gehörende Personen des Soldatenstandes, darf die vorläufige Straffestsetzung nur dann erfolgen, wenn die Uebertretung im Gesetze blos mit Geldstrafe oder Einziehung bedroht ist.

Ist dagegen die Uebertretung im Gesetze mit Geld oder Haft oder nur mit Haft bedroht, oder trifft mit der Uebertretung ein Vergehen oder Verbrechen zusammen, so ist die Bestrafung bei dem betreffenden Militairgerichte in Antrag zu bringen.

Wird die gegen eine aktive Militairperson eine Geldstrafe festsetzende oder eine Einziehung verhängende Verfügung vollstreckbar, so ist die Vollstreckung bei dem betreffenden Militairgerichte zu beantragen und in dem Requisitionsschreiben stets zu bemerken, wohin die Geldstrafe oder die eingezogene Sache abgeliefert werden soll. Kann in einem solchen Falle die Geldstrafe nicht erlegt werden, so wird dieselbe von dem Militairgericht in eine verhältnißmäßige militairische Freiheitsstrafe umgewandelt und nach Vollstreckung dieser Strafe die requirirende Behörde hiervon benachrichtigt.

§. 23. Die Landräthe haben in den ihrer Beaufsichtigung unterstellten Kreisen, so oft sich dazu Gelegenheit findet, die Handhabung der Befugniß zur Straffestsetzung zu prüfen, die etwa erforderliche Prüfung und Belehrung eintreten zu lassen und, daß dies geschehen, in der Strafliste zu vermerken.

Berlin, den 8. Juni 1883.

Der Minister des Innern. Der Justiz-Minister.
v. Puttkamer. Friedberg.

a. Formular I.

Strafliste

18 . . .

Nr.	Name, Stand, Wohnort des Beschuldigten	Datum der Verfügung	Strafe	Abgesandt der Kasse am	dem Amtsanwalte am	Vollstreckt	Auslagen	Bemerkungen

b. Formular II.

1. Nr. der Strafliste des Jahres 18

2. Die Übertretung wird bewiesen durch (Namen, Stand und Wohnort der Zeugen) die anliegende . . . . amtliche Anzeige des . . . . vom . . . . amtliche Verhandlung vom. . . . .

3. D . . . . zu . . . . hat am . . . . in . . . .

Es wird deshalb hiermit gegen d . . . .
auf Grund d . . . . zu erlegende Geldstrafe
von . . . . an deren Stelle, wenn sie
nicht beizutreiben ist, eine Haft von . . . .
tritt, festgesetzt.

Findet d . . . . sich durch diese Straffestsetzung beschwert, so kann innerhalb einer Woche von Zustellung dieser Verfügung an, bei der unterzeichneten Behörde schriftlich oder zu Protokoll, oder bei dem zuständigen Amtsgerichte schriftlich oder zum Protokoll des Gerichtsschreibers, auf gerichtliche Entscheidung angetragen werden. Erfolgt binnen dieser Frist ein solcher Antrag nicht, so wird die festgesetzte Strafe vollstreckt.

Gegen die Versäumung der Antragsfrist kann Wiedereinsetzung in den vorigen Stand beansprucht werden, wenn der Beschuldigte durch Naturereignisse oder durch andere unabwendbare Zufälle an der Einhaltung der Frist verhindert ist. Der Antrag muß binnen einer Woche nach Beseitigung des Hindernisses unter Angabe und Glaubhaftmachung der Versäumungsgründe bei der Polizeibehörde oder bei dem Amtsgericht angebracht werden.

. . . . . . d. . . . . 18 . .

4. Die Ausfertigung der vorstehenden Verfügung ist heute . . . . . . dem . . . .

in Person in dessen Ab=
wesenheit . . . .
ausgehändigt.

Die Annahme der Zustellung ist ohne gesetzlichen Grund verweigert, und daher die Verfügung am Orte zurückgelassen worden.

Da in der Wohnung des Beschuldigten Angehörige, Dienstboten und der Hauswirth und Vermiether nicht angetroffen worden, so ist die Verfügung in dem Bureau des Gemeindevorstehers, des Polizeiverwalters — der Postanstalt — niedergelegt und die Niederlegung durch an die Thür der Wohnung befestigte schriftliche Anzeige, sowie durch mündliche Mittheilung an die in demselben Hause vorhanden
. . . .
bekannt gemacht.
Unterschrift des Beamten.

5. Der . . . . wird angewiesen
d . . . . Behufs Vollstreckung der
durch die Verfügung vom . . . . . . (Nr. der

Strafliste) festgesetzten Strafe auf die Dauer von . . . . zur gefänglichen Haft zu bringen.

. . . . d. . . . . 18 . . .

Die Ortspolizeibehörde zu . . . . . .

6. Verhandelt . . . . . . d . . . .
Der . . . . berichtet heute d . . . . ist nach vorstehender Verfügung vom . . . . am . . . . in das Gefängniß zu . . . . erbracht und . . . . . . am . . . . daraus wieder entlassen worden.

Die Gefängnißkosten sind mit . . . . gezahlt.
nicht gezahlt.

v. g. u.
g. w. o.

7. Auslagen sind entstanden: für
1. an Porto . . .
2. an Transportkosten . . . . .
3. an Haftkosten

Hiervon ist gezahlt an . . . . . .
von d . . . .

---

c. Formular III.

D . . . . zu . . . .
hat am . . . .
Die Uebertretung wird bewiesen durch . . . .
Es wird deshalb hiermit gegen d . . . .
auf Grund d . . . .
eine Haft von . . . . festgesetzt.

Findet d . . . . sich durch diese Straffestsetzung beschwert, so kann innerhalb einer Woche von Zustellung dieser Verfügung an bei der unterzeichneten Behörde schriftlich oder zu Protokoll, oder bei dem zuständigen Amtsgerichte schriftlich oder zum Protokoll des Gerichtsschreibers, auf gerichtliche Entscheidung angetragen werden. Erfolgt binnen dieser Frist ein solcher Antrag nicht, so wird die festgesetzte Strafe vollstreckt.

Gegen die Versäumung der Antragspflicht kann Wiedereinsetzung in den vorigen Stand beansprucht werden, wenn der Beschuldigte durch Naturereignisse oder durch andere unabwendbare Zufälle an der Einhaltung der Frist verhindert worden ist. Der Antrag muß binnen einer Woche nach Beseitigung des Hindernisses unter Angabe und Glaubhaftmachung der Versäumungsgründe bei der Polizeibehörde oder bei dem Amtsgerichte angebracht werden.

. . . . , d. . . . . . . 18 . .

Zugestellt am . . . ten . . . . 188 . .

---

d. **Formular VI.**

Sie haben am. . . . .

. . . .

Die Übertretung wird bewiesen durch . . . .

. . . .

Es wird deshalb gegen Sie auf Grund d . . . . . .
. . . . eine bei . . . .
. . . . zu erlegende Geldstrafe von . . . . . .
an deren Stelle, wenn sie nicht beizutreiben ist, eine Haft von . . . . tritt . . . .
. . . .
hindurch festgesetzt.

Sollten Sie sich durch diese Straffestsetzung beschwert halten, so können Sie innerhalb einer Woche, von Zustellung dieser Verfügung an, bei der unterzeichneten Behörde schriftlich oder zu Protokoll, oder bei dem zuständigen Amtsgerichte schriftlich oder zum Protokoll des Gerichtsschreibers, auf gerichtliche Entscheidung antragen. Erfolgt binnen dieser Frist ein solcher Antrag nicht, so wird die festgesetzte Strafe vollstreckt.

Gegen die Versäumung der Antragsfrist kann Wiedereinsetzung in den vorigen Stand beansprucht werden, wenn der Beschuldigte durch Naturereignisse oder durch andere unabwendbare Zufälle an der Einhaltuug der Frist verhindert worden ist. Der Antrag muß binnen einer Woche nach Beseitigung des Hindernisses unter Angabe und Glaubhaftmachung der Versäumnißgründe angebracht werden.

. . . . d. . . . . 18 . . .

Zugestellt am . . . . 188 . .

---

e. Formular V.

Der . . . . wird angewiesen, d . . . . Behufs Vollstreckung der durch die Verfügung vom . . . . (Nr. der Strafliste) festgesetzten Strafe auf die Dauer von . . . . zur gefänglichen Haft zu bringen.

. . . . d. . . . . 18 . . .

Die Ortspolizeibehörde zu . . . .

Alphabetisches Sachregister.

(Die Zahlen verweisen auf die Seiten.)

A.

B.

Druck von C. H. Schulze & Co., Gräfenhainichen.

FSC
www.fsc.org
MIX
Papier | Fördert
gute Waldnutzung
FSC® C083411

Kolibri 360 GmbH
Ferdinand-Jühlke-Straße 7
99095 Erfurt, Deutschland
produktsicherheit@kolibri360.de